내 유년의 뜰에는
이런 꽃이 피었네

이득환의 자전적 수필집

내 유년의 뜰에는 이런 꽃이 피었네

이득환 지음

한국문화사

내 유년의 뜰에는 이런 꽃이 피었네

초판1쇄 2011년 11월 30일
초판2쇄 2011년 12월 30일

지은이 이득환
펴낸이 김진수
펴낸곳 **한국문화사**
등 록 1991년 11월 9일 제2-1276호
주 소 서울특별시 성동구 아차산로 3(성수동 1가) 502호
전 화 (02)464-7708 / 3409-4488
전 송 (02)499-0846
이메일 hkm77@korea.com
홈페이지 www.hankookmunhwasa.co.kr

값 8,000원

ISBN 978-89-5726-921-3 03810

나의 어린 친구 미현이, 소라, 연수……
이들이 모두 이 사회에 잘 적응하여 꿋꿋하게
성장하기 바라며, 이 책을 그들에게 바친다.

■ 독자에게

사람은 살아가면서 어떤 사람을 만나느냐에 따라 크든 작든 간에 그 사람의 삶의 내용과 깊이가 달라지며 또한 그 성패가 좌우되는 일이 많다. 지금 와서 지나온 삶을 되돌아볼 때 만나지 않았으면 더 좋았을 걸 하는 사람도 있다. 대학시절 때 만난 한 사람은 어떠한 의미에서도 좋은 기억은 없고 나에게 씻을 수 없는 상처를 안겨주었다. 나는 그러한 마음의 상처 때문에 우리 연배가 누릴 수 있는 평범한 행복을 포기하고 살아야 했다. 그리고 끊임없는 고통의 시간을 보내야 했다. 그러나 세월은 참으로 신기한 마력을 지닌 상처의 치료약인 것일까. 또한 그 세월이 자신의 내면을 다듬고 마음을 다스리는 피나는 노력의 시간이었다면 그 보답은 반드시 있다는 것을 말하여 주는 것인가. 시간이 지나고 내 삶의 연륜이 쌓일수록 그러한 상처도 나름대로 다스릴 수 있는 삶의 지혜와 여유를 가지게 되었으며 이제는 그 아픈 과거도 다듬고 어루만져서 영롱한 진주로 가꾸어서 내 마음속에 품게 되었고, 살아온 삶을 감사하는 마음으로 받아들일 수 있게 되었다. 사람이 자기의 마음의 여울에 지워지지 않는 상처가 많다는 것은 인생을 그만큼 다채롭고도 생동감 넘치게 살았다는 증거도 되리라. 그리하여 결과적으로 나는 사람들이 말하는 성공한 삶을 살지는 못했지만, 그래도 지금까지의 살아온 삶을 참으로 보람 있고 가치 있게 살아왔다고 생각하며 후회하지 않는다. 살아오면서 숱하게 닥쳐온 고난과 역경 가운데서도 나 자신에 대하여 떳떳하게 양심을 지키며 살려고 노력하며 살아왔으며, 그러한 나의 삶에 대해서 나는 오히려 스스로 자랑스럽게 생각한다. 나의 굴곡지고 험난한 인생길에서 나는 왜 이럴까라고 자책하면서 괴로워했을 때, 그래도 나의 본모습은 그 어린 시절의 내가 아니겠느냐고 반문하면서, 그때의 나에 비추어 현재의 나의 행동을 고치고 다듬는 일을 수없이 되풀이하곤 했다. 그리하여 끝내는 나 자신의 삶을 긍정하게 되었고 삶을 사랑하게 되었다. 내가 특별히 어린 시절의 나에 대하여 관심을 기울이고 애착을 가지게 된 것은 이러한 사정 때문이다.

그렇게 오랜 세월을 방황하다가 2009년 2학기부터 모교인 경북대학교 강단에 서게 되었다. 학생을 가르치는 일은 나로서는 신나는 일이었다. 비록 어눌한 강의이지만 눈을 반짝이며 경청하는 학생들을 대할 때 나는 크나큰 삶의 보람을 느꼈으며 앞으로 기회가 주어지고 건강이 허락하는 한 학생들과 함께 지내고 싶다. 그리고 그렇게 나에게 삶의 의미를 새삼 일깨워준 학생들에게 고마움을 느끼며 그들의 앞날에 성공의 열매가 많이 맺히기를 기도한다.

이 책의 많은 부분은 이미 7~8년 전에 써놓은 것이다. 처음부터 책으로 펴내겠다고 작정하고 쓴 것도 아니고 일정기간 집중적으로 쓴 것도 아니다. 나는 20여 년간 일기를 써왔다. 그 중간에 몇 년 동안 일기를 쓰지 않은 기간이 있었는데 그때는 내가 아무리 열심히 살았어도 나의 삶에서 하나의 공백기로 남을 것 같다. 이 글은 일기를 쓰면서 남는 시간에 한 토막 한 토막 써놓은 것들이다. 그렇게 쓰다 보니 글이 모이게 되고 앞으로 교수가 되면 나머지 내 마음 속에 담아둔 부분도 글로 다듬어 함께 모아 한번 책으로 꾸며서 세상에 선보이리라 마음먹었다. 그러나 나는 아직 교수가 되지 못하였고 언제 교수가 될는지 기약할 수도 없는 상황이다. 그리고 써놓은 글을 마냥 감추어놓기도 그렇고 해서 이제 나머지 부분도 정리하여 책으로 펴내게 된 것이다. 책으로 펴내려고 마음먹고 원고뭉치를 꺼내어 가까이에 두고 차일피일 미룬 것이 몇 달간 계속되었다. 그러다가 2011년 8월 초부터 용단을 내려 써놓은 부분을 컴퓨터로 옮기고 다시 많은 부분을 새로이 썼다. 그렇게 하여 이 책이 탄생하게 된 것이다.

나는 오늘 나의 마음속에 간직해둔 많은 사연 중 지극히 적은 일부분일지라도 이렇게 비울 수 있음에 마음이 한결 가볍고, 기쁘기도 하고 또한 감사하는 생각이 들기도 한다. 앞으로 내가 나의 소년시절, 청년시절 그리고 지금의 나의 이야기를 글로 쓸 기회가 있을지 모르겠다. 끝으로 내가 살아오면서 직접 만났던 많은 사람, 그리고 책을 통해서든 대중매체를 통해서든 여러 가지로 나에게 감명을 주고 지혜와 지식의 깊이를 더하게 해준 모든 분께 감사의 마음을 전한다. 이것은 내가 세상에 펴내는 첫 번째 책이다. 나는 이 책이 참 보잘 것 없는 것임을 잘 안다. 그러나 나는 이 책을 펴냄으로써 이제 또 나의 삶을 한 단계 도약하는 하나의 디딤돌의 역할을 할 수 있다면 나는 그것으로 만족한다. 앞으로 나의 남은 삶이 어떻게 전개될는지는 나는 모른다. 그러나 나는 인간의 질서, 자연의 질서에 순응하면서 조용히 살고 싶다.

출판사와 출판계약을 맺고 교정쇄를 받아든 것은 11월 5일의 일이었다. 그것을 보니 책의 분량이 너무 적다는 느낌이 들었다. 그래서 글을 좀 더 써서 보충해야겠다고 생각하게 되었다. 그리하여 일련번호 72 이하를 쓰게 된 것이다. 먼저 글을 쓸 때 별로 중요하지 않다고 생각하여 빠뜨렸던 것과 나의 집안 이야기를 주로 써서 보충하였다. 집안 이야기도 모두 내가 직접 겪었거나 들은 것들로 나의 유년시절과 직접, 간접적으로 연관이 되는 것이기 때문에 이 책의 제목과 동떨어진 것은 아니라는 생각이 들었기에 써넣은 것이다. 또 출판사의 책의 출판승낙을 받고 이 사실을 형님과 누님께 알리면서 몇 가지 미심쩍은 부분에 대하여 물어보았다. 그 결과 내 기억이 사실과 맞지 않은 점이 한 가지가 있는 것이 발견되어 그것을 고쳤다. 그리고 형님과 누님의 이야기를 듣고 기존에 쓴 몇 가지 이야기에 그분들에게 들은 사실을 보충해 넣었다. 그밖에도 뜻하지 않게 틀리게 쓴 것이 있을 수 있으리라. 그러나 이 책에서 한 가지라도 거짓말을 한 것은 없다. 사실과 다른 점이 있다면 그것은 내 기억이 거기에 미치지 못함을 탓해야 할 것이다.

끝으로 알려지지 않은 사람의 글임에도 불구하고 출판 요청에 흔쾌히 응해준 한국문화사에 감사하며, 편집 등 실무 작업을 맡아서 수고해주신 편집진 여러분께도 고마움의 뜻을 전한다.

내 유년의 뜰에는 꽃이 피었네

이런 꽃이 피었네

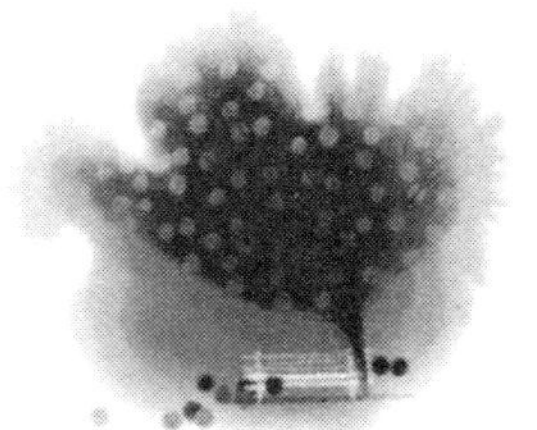

1

그 언젠가부터 그곳에 산이 솟아있고 언덕이 펼쳐져있고 내가 흐르고 있었다. 어느 때인가 거기에 사람이 와서 집을 짓고 땅을 일구며 살게 되었다. 다시 사람들이 하나 둘 더하여 마을을 이루게 되었다. 내가 태어난 마을도 이렇게 해서 생겼으리라. 내가 태어난 마을은 산골마을치고는 꽤 큰 마을이었다. 여기에 쓴 것은 주로 그 마을에서 내가 어린 시절 겪은 이야기이다. 나는 내가 태어난 마을에서 만일곱살까지 살았다. 그 만일곱살까지 내가 겪은 이야기를 쓴 것이 바로 이 책이다. 내가 태어난 마을은 경상북도 영일군 기계면 용기동으로 흔히 그 동네를 막실이라 불렀다. 그 후 기계면이 나누어져 기북면이 되었고, 영일군은 포항시로 편입되어 오늘에 이르게 되었다. 그래서 지금은 그 마을이 경상북도 포항시 기북면 용기동이다.

2

그때는 모두가 다 그러했던 것처럼 우리 집도 가난했다. 그렇게 가난했지만 나는 우리 집이 가난한지 어떤지 전혀 몰랐다. 사는 것이 원래 그런 양, 그저 하루하루 즐겁게 생활해가는 것이 나의 일상이었다. 우리 집은 그야말로 초가삼간 오막살이, 남향의 본채는 동쪽의 방한간과 서쪽의 부엌, 그리고 서향의 아래채는 마당에서 보면 왼쪽은 헛간, 오른쪽은 방, 그렇게 단출하기 그지없는 그런 초가집이었다. 그런 집에서 나는 태어나고 자랐다. 여기에 쓴 이야기 중 몇 가지는 어머니께 묻고 거기에 나의 기억을 더하여서 쓴 것이다. 그 이외의 대부분의 것은 그 어느 누구와의 상의함이 없이 순전히 내 기억에 의존하여 썼다. 그러므로 세세한 점에서는 틀리는 부분도 있을 수 있을 것이나, 이 모든 것은 내가 직접 보고 듣고 느끼고 경험한 것이기 때문에 대체적인 줄거리는 모두 정확할 것이다.

3

할머니, 나는 할머니의 지극한 사랑 속에서 자랐다. 그러던 할머니는 내가 우리 나이로 다섯 살 때에 돌아가셨다. 그것은 장차 내가 혹독한 시련을 겪게 될 이 냉엄한 현실 세상에 내던져지리라는 하나의 비극의 서곡과도 같은 사건이었다. 나는 할머니에 대한 단편적인 기억을 가지고 있다. 그 할머니에 대한 기억은 모두 다 좋은 것밖에 없다. 내가 배탈이 날 때면 할머니께서는 빨간 감 홍시를 숟가락으로 떠서 먹여주셨다. 그리고 어느 가을에인가 무를 숟가락으로 긁어서 먹여주시던 기억이 난다. 그 달콤한 맛이란 내가 잊을 수 없는 것이었다. 가끔 할머니께서 우리 집에 오시면 나는 배가 아프지 않은데도 할머니 손을 끌어 내 배를 쓰다듬어 달라고 졸랐다. 그러면 할머니는 그 까칠한 손으로 내 배를 쓸어주셨다. 그때의 그 시원함, 기분 좋음을 나는 잊을 수 없다. 그러하던 할머니께서 내가 다섯 살 때 겨울에 영면하신 것이다. 나의 할머니는 칠십 평생 영일군을 벗어나 다른 곳으로 가본 적이 없으셨다고 한다. 큰집 앞에서 상여가 떠나던 그날은 바람이 세차게 불고 유별나게 추웠다. 나는 그날 할머니께서 영원히 내 곁을 떠났다는 사실을 몰랐다. 그저 그 맹렬한 추위 속에서 오싹한 한기를 느끼며 영문도 모른 채 큰집 마당에서 울긋불긋 꾸며놓은 상여를 바라보고 있었다. 그것이 상여인지도 뭔지도 모르고.

4

우리 집 앞에 미루나무 한 그루가 보기 좋게 서 있었다. 해 마다 봄이 되어 나무에 물이 오를 때쯤이면 나는 호데기[호드기]가 불고 싶으니 호데기를 만들어 달라고 어머니께 졸랐다. 어머니는 형님을 불러 나에게 호데기를 만들어 주라고 말씀하셨다. 형님은 어머니의 말씀을 듣고 미루나무 곁가지를 낫으로 잘라 능숙한 솜씨로 호데기를 여러 개 만들어 나에게 주었다. 나는 그것을 마르지 말라고 물옹가지에 담가두고 하나씩 꺼내어 골목골목 다니면서 빼-빼- 불어댔다. 동네 사람 여러분 봄이 왔습니다. 동네 사람들에게 봄소식을 전하듯 신나게 호데기를 불고 다녔다. 그러던 미루나무도 어느 해인가 잘라서 목재소에 팔아버렸다. “아부지요, 그 나무 가지고 무어 하닝교?” “백양나무는 물러서 집을 짓는 데는 쓸 수 없고 성냥개비나 나무젓가락 만드는데 쓰이지.” 그렇게 세월은 가고 집 앞에 미루나무는 없어졌어도 봄은 다시 오고, 갖가지 생명체들이 봄소식에 부지런히 자기 일을 하는 데 바빴다. 나무는 꽃을 피우고 풀들은 아직도 남아있는 한기와 싸우면서 파아란 새싹을 이 지상에 피어오르게 했다. 봄, 온갖 생명들의 숨소리가 들리는 계절이다.

5

계절의 여왕 오월은 농촌도 바쁜 계절이다. 못자리도 만들고 밭작물도 잘 관리해야 할 때였다. 오월 하순, 절기로 소만 쯤 되면 산과 들 할 것 없이 풀과 나무들이 한껏 자라 그 왕성한 생명력을 자랑하는 때였다. 그때 퇴비도 만들고 땅심을 높이기 위해 논에도 뿌리려고 산에 가서 풀을 베어왔다. 풀이래야 대부분 참나무 종류의 어린 나무였다. 아버님이 풀을 베어 와서 마당 한켠에 쌓아 놓으면 그 싱그럽고 달콤한 풀냄새가 나를 기쁘게 했다. 그것은 이 세상 어떤 향기보다 더욱 신선하고 풋풋한 향기였다. 그런데 풀을 만지다가 때로는 풀쐐기에 쏘이는 일이 가끔 있었다. 그것은 여간 아픈 것이 아니었다. 쏘인 데가 물집이 생겨 볼그랗게 솟아올랐다. 그래도 풀은 그것을 보고 냄새를 맡는 것만으로도 더 없는 행복을 나에게 주는 것으로, 그것은 자연이 우리에게 베푸는 수많은 은총 중의 하나였다.

6

봄이 무르익어 만물이 생명력을 더할 때 텃밭의 채소들도 무럭무럭 자라 푸르름이 더해갔다. 그 중에 대파도 흰 꽃이 둥그렇게 피었다. 그것이 다 자라 씨앗이 익었을 때 그것을 채취하여 털어 말리면 깨알 같은 까만 씨들을 받을 수 있었다. 그 씨앗을 뿌리면 다시 파가 생산되는 것이었다. 파는 한곳에 모아 재배하니 자연히 꽃도 한데 모여 여러 개가 줄을 지어 피었다. 나비들이 유난히 파꽃을 좋아했다. 날개를 팔랑이며 파꽃에 사뿐히 내려앉는 모습을 보면 너무나 가벼운 그 자태에 나는 마음을 빼앗기곤 했다. 주로 흰나비가 많았지만 더러는 노란 나비도 있었다. 나는 나비를 잡고 싶었다. 그래서 파꽃이 많이 피어있는 곳에 가서 미동도 않고 서 있는 것이었다. 그러면 나비는 처음에는 경계를 하다가 드디어 내 앞에 피어있는 파꽃에 가볍게 내려앉는 것이었다. 나는 때를 놓칠세라

손을 살살 내밀어 엄지손가락과 집게손가락으로 나비를 답삭 잡았다. 그 일은 그래도 고도의 인내력과 집중력을 요하는 것이었다. 나비가 쉽게 잡혀주는 일이 별로 없었으니까 여러 번 시도해야 겨우 한 마리를 잡을 수 있었다. 운이 좋을 때는 한 번에 잡히는 경우도 있었지만 말이다. 나는 잡은 나비를 손가락 사이에 끼우고 다시 나비잡기를 시작했다. 또 잡히면 다른 손가락 사이에 끼웠다. 여러 마리를 잡은 후에야 비로소 그 나비 잡는 일을 그만두었다. 그러나 나비라는 것이 원래 날개가 연약하고 날개는 가루로 덮여 있어, 그 날개가 찢기고 분이 벗겨지면 여간 애처로운 모습이 아니었다. 그래서 조금 놀다가는 나비를 다 날려 보내주었다. 그리고 언젠가 그곳에서 나비를 보면 또 그것이 잡고 싶어 다시 나비잡기를 시도하곤 했다. 그러면서 한 해 한 해 나도 자랐다.

7

겨울의 밤은 길고 깊었다. 밤에 놀러온 형님 친구들, 이웃사람들은 호롱불 가에 둘러앉아 이야기꽃을 피웠다. 바깥에는 싱싱 겨울바람이 신나게 불고 땅이고 개울이고 모두 얼었다. 그때에는 유리구슬이 우리들의 소중한 장난감이었다. 그 유리구슬로 재미있게 놀 수 있는 방법이 하나 더 있었다. 색깔이 박힌 구슬을 눈에 대고 호롱불을 쳐다보면 온갖 희한한 그림들이 눈앞에 펼쳐지는 것이었다. 구슬을 바꿔가며 계속 쳐다보면 내가 마치 별세계에 와있는 것 같았다. “바다 속이 이럴까?” “이런 곳이 이 세상 어디에 있을까.” 나는 그것을 보면서 가지가지 상상을 했다. 그리하여 겨울밤은 깊어가고 밤하늘의 별은 더욱 반짝이며 마을을 내려다보고 있었다. 이윽고 사람들은 모두 집으로 돌아가고 나도 잠자리에 들었다. 그리고 세상모르게 깊은 잠에 빠져들었다.

8

우리 집에서 나와 도랑을 건너고 좀 더 가면 웃각단에 당수나무<당산나무>가 있었다. 그것은 홰나무<회화나무>이었는데 두 그루의 고목이었다. 나무 밑에는 시멘트로 둘레를 만들고 자갈을 깔아놓았다. 여름이 되면 그곳은 훌륭한 놀이장소였다. 지팡이를 짚고 이야기를 나누는 할아버지들, 장기를 두는 어른, 공기놀이하는 어린이, 모두 시원한 나무그늘의 혜택으로 더위를 잊을 수 있었다. 또 여름은 홰나무에 꽃이 피는 계절이다. 향기로운 꽃이 뭉쳐 피어나면 나무꽃이 별로 없는 그 계절에 나로서는 나무꽃을 볼 수 있는 좋은 기회였다. 여름이 절정에 다다르고 한창 꽃이 질 때면 나무 밑에 꽃잎이 하얗게 덮여 마치 눈이 내린 것 같았다. 우리가 안강으로 이사를 온 후에 그 당수나무 두 그루 중 하나가 생명을 다하고 죽었다. 그래서 마을사람들이 그 대신으로 느티나무를 그 자리에 심었다. 내가 오래전 언젠가 고향에 가서 새로 심은 그 어린 느티나무를 보았을 때, 언제 저 나무가 자라서 온전한 당수나무 구실을 할까 생각했는데, 지금 가보면 그 느티나무도 고목이 되었다. 세월은 참으로 빠르고 세월 따라 산천도 말없이 변하는 이치를 이 한 그루의 나무를 보면서도 깨달을 수 있다는 것을 우리는 알 수 있으리라.

9

생물도감을 찾아봐도 잘 나오지 않는 나무가 있다. 그곳 사람들은 재나무라고 부르는 나무인데 거기는 곳곳에 그 나무가 많았다. 여름이면 나무 끝에 보라색의 꽃이 피었다. 여름밤에 모깃불을 피울 때 태우면 향기도 좋고 모기퇴치의 효과도 컸다. 갱빈 군데군데 어린 재나무들이 자라고 있었는데, 모깃불을 피우기 위해 그것을 베어오는 것은 형님의 몫이었다. 아버님께서 형님에게 시키면 형님은 갱빈에 가서 한 아름 넉넉히 나무를 베어 겨드랑이에 차고 집으로 돌아왔다. 여름밤 마당에 멍석을 펴고 식구들이 모두 모여 앉았다. 불살개를 모아 불을 붙이고 그 위에 재나무를 얹었다. 훌륭한 모깃불이 된 것이다. 저녁식사도 멍석에 앉아서 했다. 저녁을 먹은 후 멍석에 앉아 도란도란 이야기를 나누었다. 그러다가 누워서 하늘을 보면 아, 별, 여름의 밤하늘에는 뭇별들이 보석처럼 총총히 박혀 있었다.

10

앞집에는 나의 단짝동무가 있었다. 우리 집과 앞집을 가르는 돌담은 형체가 별로 남지 않을 만큼 허물어져 있어 앞집과 우리들은 그 담을 넘어서 무시로 드나들었다. 그 동무와 나는 놀이도 같이 하고 싸움도 많이 했다. 흔히 말하는 미운 정 고운 정 다든 사이인 것이다. 그러나 친하게 지내는 일이 훨씬 많았고 싸움이라야 싸우고 난 후에 금방 화해하는 그런 것이었다. 우리 집에서 앞집, 그리고 앞집을 지나서 갱빈 쪽으로 가다가 왼쪽에 택호가 산오댁이라는 집이 있었는데 거기에 가면 대장간이 있었다. 매일 불을 피우고 일을 하지는 않았지만 거기도 훌륭한 놀이터였다. 어쩌다가 대장간이 불을 피우는 날이면 쇠 두드리는 소리와 찬물에 담금질하는 소리로 떠들썩했다. 불을 피우지 않아도 농기구를 만드는 도구와 거기에서 만들어서 걸어놓거나 팽개쳐둔 갖가지 농기구를 보는 것도 흥미 있는 일이었다. 거기다가 거기서 장난치고 놀 수 있으니 그곳은 더없이 좋은 놀이터였다.

11

내 동무와 나는 또 종이접기놀이를 많이 했다. 딱지도 접고 배, 지갑 같은 것을 종이로 접어서 그것을 가지고 재미있게 놀았다. 우리는 딱지를 많이 만들어, 같이 "가부"<이것은 나중에 안 일이지만 일본말이었다>하자하고 두 사람의 딱지를 함께 모았다. 그리고 웃각단으로 우리 또래 동무들을 찾아가 딱지따기놀이를 했다. 그들의 이름은 기억나지 않지만 지금은 어떻게 지내는가 생각하면 궁금하기도 하다.

12

가을이 되면 내 동무와 나는 갱빈에 가서 노는 일이 많았다. 가을의 바삭바삭한 햇볕은 무수히 깔린 조약돌에 떨어져 반짝이는 빛을 뿌리며 잔잔하게 부서졌다. 우리는 머리쑥<사철쑥>과 다닥냉이가 더부룩하게 자란 갱빈가를 거닐기도 하고 모래밭에서 장난치며 놀기도 했다. 갱빈은 우리들의 소중한 놀이터였던 것이다.

13

내 동무와 나는 평상시에는 친하게 지내는 일이 많았지만 싸움도 많이 했다. 싸움은 같이 잘 놀다가 헤어질 무렵에 주로 했다. 그러나 싸움이래야 치고받고 코피 흘리고 하는 과격한 싸움은 아니었다. 싸움의 가장 큰 무기는 "이

젠 너와는 다시는 안 놀아"였다. 싸울 때는 정말 다시는 안 놀 작정이었다. 허물어진 돌담을 넘어오면서 "이제 다시는 놀러 안 갈 거야!"하면 내 동무는 "놀러 오지 마!"라고 맞장구를 쳤다. 나는 속으로 애가 달았으나 안 단 척했다. 그러나 밥을 먹고는 언제 그랬느냐는 듯이 다시 그 동무에게 놀러갔다. 그러면 그 동무는 그도 언제 그랬느냐는 듯이 반갑게 맞아 함께 놀았다. 우리들은 늘상 이런 식이었다.

14

이른 봄, 생동하는 봄을 맞아 만물이 소생하는 것을 보는 것은 나에게는 큰 기쁨이었으며 또한 신기로운 것이기도 했다. 추운 겨울을 보내고 초봄을 맞아 마을의 웃각단과 아랫각단을 가로질러 흐르는 도랑에 얼음이 녹고 물기가 묻어있을 때, 물고멩이<고마리> 싹이 일제히 도랑을 덮고 그 사이로 간간이 외떡잎식물인 달개비 싹이 돋아났다. 나는 도랑가에 가만히 앉아 기쁜 마음으로 그 놀라운 광경을 넋이 나간 듯이 바라보았다. 겨울 매서운 추위에 모든 것이 얼어 죽은 줄 알았는데 봄이 되니 또 이렇게 다시 살아나는 풀들, 나는 그것이 자연의 이치인 것을 그 당시에는 몰랐다. 그저 돋아나는 새싹을 보는 것 자체가 기쁜 일이었다.

15

봄이 한철이 되면 누나는 동무들과 숲으로 나물을 캐러 가곤 했다. 특히 달래를 넣은 된장찌개는 그 짙은 향으로 봄날의 미각을 돋우었다. 그런데 먹는 나물 외에 또 하나 캐오는 식물이 있었다. 그것을 그 지방에서는 물냉이라 했는데 표준말로는 무릇이라는 백합과의 식물이었다. 그 물냉이를 가지고는 각시놀이를 했다. 마치 짚으로 제웅을 만들듯이 풀을 땋아 사람모양을 만들어 그것을 가지고 놀곤 했다. 나는 그 노는 것을 물끄러미 구경만 했다. 내가 직접 그 놀이를 함께 하며 놀지는 않았다. 아주 어릴 때는 그렇지 않았지만 나이가 좀 들자, 나는 여자애들이 하는 놀이는 나 같은 남자가 해서는 안 되는 줄 알았다. 그래서 큰집에 나와 나이가 같은 종질녀가 있었는데 나는 그 애와는 결코 함께 놀지 않았다. 나는 그 애는 항상 나보다 철이 없고 나보다 더 어린 아이라고 생각했다. 지금 생각해보면 우스운 일이지만, 그때 나는 남자와 여자는 생김새뿐만 아니라, 하는 놀이도 하는 일도 달라야 한다고 생각했다. 어린 나이인데도 사내대장부가 여자흉내를 내고 노는 것은 부끄러운 일이라고 나는 그렇게 믿고 있었다.

16

우리 집 들어가는 길 오른쪽은 논이고 왼쪽은 돌담이었다. 나는 그때 흙과 돌을 가지런히 이겨서 담을 만들고 그 위에 짚으로 덮은 담이 그리 고급스러워 보일 수가 없었다. 우리 집은 돌만 쌓아놓은 돌담인데……. 봄이면 놋방울덩굴<노박덩굴>이 그 돌담을 덮었다. 그 이파리의 고운 녹색은 항상 나의 마음을 말 못할 기쁨으로 가득하게 했다. 놋방울덩굴 이파리는 그것을 따서 데쳐서 나물로 먹으면 그 맛도 참 좋다고 어머니께서 말씀하셨다. 요즈음도 봄날 시골 담벼락에 그 놋방울덩굴이 자라는 것을 보면 나는 불현듯 어린 시절 고향이 생각나고, 다시 고향의 돌담이 내 마음속에 떠오르곤 한다. 삭막한 도회생활에서 풀이 자라고 꽃이 피던 그리운 고향이 있다는 것은 얼마나 우리의 마음을 풍요롭게 하는가. 현실의 생활이

고달프더라도 영원한 마음의 안식처 고향이 있다는 것은 정말 얼마나 큰 위로가 되는가. 아, 삶은 아름다워라.

17

겨우내 얼었던 땅이 녹고 봄은 서서히 우리 곁으로 소리 소문도 없이 찾아왔다. 봄이 점차 무르익어 본격적인 농사철이 시작되면 사람들은 소를 이끌고 쟁기질을 하러 논으로 갔다. 논둑에는 냉이꽃, 뱀딸기, 봄맞이꽃, 꽃마리꽃이 무리지어 피어있고, 봄 햇살이 한껏 내려와 아지랑이가 피어오르는 그때는 온천지에 화기가 가득했다. 소는 그것도 뿔에 받히면 큰일이지만 대체로 말을 잘 들었다. 주인이 시키는 대로 무거운 멍에를 지고 숨을 헐떡이며 앞서서 천천히 걸어갔다. 그러면 농부는 뒤에서 쟁기를 부리며 논을 다배는 것이다. 그때에 어디서 날아왔는지 나비 한 마리가 날개를 파닥이며 소의 등을 넘어 가볍게 비껴갔다. 그러한 것은 농부와 소의 입장에서는 고된 노역이지만 멀찌감치 서서 바라보는 입장에서는 한없이 한가하고 평화로운 시골의 봄 풍경이었다. 농부는 농부대로 이랴 이랴 워워 소를 부리며 쟁기질에 바쁘고 나비는 나비대로 아무 걱정도 없이 제멋에 겨워 논둑 위 풀꽃을 이리저리 따라다녔다. 그때 하늘 높이 종달새가 목청껏 봄 노래를 부르고 있었다. 그러면 나는 그 찬란한 봄날 한때의 광경에 눈을 어디에 가만히 두지 못하고 이쪽저쪽을 번갈아 쳐다보았다. 다밴 논은 적당한 때를 기다려 물을 잡아 아시갈이를 했다. 말하자면 논갈이를 해서 울퉁불퉁 골이 진 논바닥을 평평하게 고르는 것이다. 아시갈이한 논바닥에는 개구리가 알을 낳았다. 그리고 그 위에 산에서 베어온 풀을 뿌렸다. 그 당시에는 화학비료가 부족하여 땅을 기름지게 하기 위하여 무논에 풀을 뿌리는 것이다. 풀이라는 것은 산에 자라는 참나무 종류의 나뭇잎이었다. 그러한 때에 고요하기 그지없던 논에 봄바람이 불어와 논바닥은 일시에 잔잔하게 잔물결이 일었다. 논둑의 들꽃들도 따라서 하늘거렸다. 그리고 그 무논에 뿌려진 풀이 썩기를 기다렸다가 드디어 써레질을 하여 거기에 모를 심게 되는 것이다. 그때는 이미 봄은 가고 산은 푸를 대로 푸르러진 초여름이 시작되는 무렵이었다. 써레질도 고마운 소의 몫이었다. 그 뜨거운 태양아래 아무런 말도 없이 주인이 시키는 대로 무논을 앞서서 걸어가면서 주인의 써레질에 없어서는 아니 될 도구로서 제 온힘을 다하는 것이다. 아, 소의 운명이란…….

18

큰골의 농수로에는 맑고 차가운 물이 도랑 가득 흘렀다. 그때는 농약도 쓰지 않고 상류에 별다른 오염원도 없었기 때문에 그 물을 그대로 먹을 수도 있을 정도로 깨끗했다. 실제로 나는 산길을 홀로 걷다가 목이 말라 그 물을 마신 적이 있다. 그때 그 도랑에는 도롱뇽이 많았다. 그때는 그것이 도롱뇽임을 알지 못했다. 지금 생각해 보니 그것이 도롱뇽이 아닐까 추측이 되는 것이다. 그 도롱뇽은 그때는 천하에 쓸모없는 것으로 취급되었다. 물고기도 아니니 먹을 수도 없고 생긴 것도 요상했다. 어쩌다가 도랑이 있는 길을 걸을 때면 차가운 물속 여기저기에 네 다리를 도랑바닥에 대고 엎드려서 느긋하게 쉬는 그 모습을 볼 수 있었다. 내가 도랑가에 쭈그리고 앉아 자세히 보아도, 통 관심이 없다는 듯 외면하고 움직이지도 않았다. 손을 물속에 넣어서 도롱뇽 가까이 뻗치면 그놈은 다른 물고기처럼 후닥닥 도망가지도 않았다. 그저 귀찮다는 듯 몇 발자국 물러서서 그냥 멈추는 것이 고작이었다. 그러던 그 도롱뇽도 요즈음은 거기서는 통 볼 수 없게 되었다. 그만큼 물이 오염되어 도롱뇽이 살 수 없는 환경으로 바뀌어 버린 것이다. 꼭 도롱뇽이 아니더라도 지금은 어머님만이 살고 계시는 안강의 들판 농수로에서 옛날 우리 어릴 적에 흔히 볼 수 있었던 수서곤충을 요사이는 거의 볼 수 없게 되었다. 물맴이, 물땅땅이, 물방개, 게아재비 등등. 우리의 놀이거리가 되어주었던 소중한 것들이 사라져버린 것이다. 지금도 볼 수 있는 것은 소금쟁이뿐이다. 그것뿐이랴. 비단 수서곤충이 아니더라도 우리가 흔히 볼 수 있었던 생물종 중 지금은 흔적도 없이 사라진 것이 얼마나 많은가. 제초제, 살충제, 살균제 등의 무분별한 살포로 해로운 곤충이나 병을 옮기는 세균이 박멸되고 화학비료의 사용으로 단보 당 벼의 수확량은 옛날보다 훨씬 늘어났지만, 그 반면에 토양오염, 수질오염이 심해져서 귀중한 생명체들도 함께 사라져버린 것이다. 지금이라도 이러한 것에 문제의식을 가지고 환경을 복원하는 노력을 해야 할 것이 아닌가라는 생각이 든다.

19

무더운 여름이 드디어 가고 햇살이 따사로운 가을이 오면 갱빈은 다시 우리의 놀이터로 변했다. 초가을 따가운 햇살이 조약돌에 내려와 부서질 때 우리는 맨발로 돌밭을 걷기도 하고 갱빈 이곳저곳을 돌아다니며 무엇 재미있는 것은 없나 살폈다. 갱빈가 모래 섞인 땅에는 다닥냉이와 머리쑥<사철쑥>이 아직 파란 빛을 띠며 우리의 눈길을 끌었다. 제법 넓은 범위에 파란 풀들이 자라 그것을 보는 것만으로도 가슴이 뭉클했다. 우리는 풀 사이에 난 작은 길을 걸으며 다닥냉이와 머리쑥의 이파리를 따서 코에 대어 보았다. 그러면 그 특유의 그리고 어쩐지 기분이 좋은 향기가 또다시 가을이 왔음을 알리는 것 같았다.

20

만물이 그 생명력을 자랑하는 여름의 한복판, 갱빈에는 물이 흐르고 그 흐르는 물 언저리에 빨래터가 생겼다. 어른들이 빨래를 하면 우리는 물놀이로 신이 났다. 그때 어디서 났는지 물총이 우리의 장난감으로 한몫을 했다. 대나무 한쪽마디에 구멍을 뚫고 다른 쪽은 나무통이 그대로 드러나게 했다. 딱딱한 마개에 헝겊을 감싸서 긴 쇠막대기를 마개에 꽂아 고정시키면 훌륭한 물총이 되었다. 물총을 물에 넣어 쇠막대를 당기면 물총 속에 물이 쑤욱 빨려 들어왔다. 다시 앞으로 힘을 가하면 작은 구멍으로 물이 세차게 나와서 물줄기가 제법 멀리까지 날아갔다. 나는 동무들과 서로 물총으로 물싸움도 하고 때로는 혼자서 갱빈에 나가 물총놀이를 했다. 그런데 물총에서 나를 가장 신기롭게 한 것이 있었다. 그것은 물총을 물속에 넣어 손잡이를 당기면 물이 총 속으로 빨려 들어오고 한껏 물을 채워 앞으로 밀면 물이 구멍 사이로 빠져나가 멀리까지 날아가는 것이었다. 참 이상하다. 어떻게 물속에 물총을 담가 손잡이를 당기면 물이 물총 속으로 들어올까. 물총 속은 물보다 높이가 높은데……. 또 물을 채운 물총을 쏘면 물이 왜 내 쪽으로 흘러나오지 않고 앞으로만 곧장 뻗어나가는지 어린 나로서는 도무지 궁금하고 희한한 일이었다. 그렇게 궁금하고 희한한 일이기에 그 물총놀이가 더 재미가 있었다. 지금 생각하면 당연하고 자명한 일도 그때의 어린 나로서는 참으로 신기한 일이어서 한동안 그 궁금증이 가시지 않았다.

21

한여름이 되어 햇볕이 따갑고 더위가 심해져도 나는 종일 동무들과 노느라고 정신이 없었다. 그러다보면 몸에

땀띠가 났다. 땀띠가 심해지면 어머니는 나를 데리고 땅골과 큰골의 물이 합쳐서 흐르는 냇가 한 구석에 있는 찬물샘이라 부르는 조그만 웅덩이에 갔다. 정면이 높은 절벽같이 생긴 곳으로 위에는 논이 있고 절벽에는 덤불이 무성하게 우거졌다. 그 아래에 우묵하게 들어간 곳에 조그만 웅덩이가 있어 찬물이 졸졸 새어나왔다. 어머니는 나를 발가벗겨서 웅덩이에 들어가게 하고 웅덩이 물을 손으로 퍼서 내 몸에 끼얹었다. 그러면 나는 너무나 차가워 숨이 꼴깍 넘어갈 지경이었다. 또 우묵하게 들어간 곳이라 우거진 덤불숲에서 뱀이나 떨어지지 않을까가 더욱 겁나는 일이었다. 그 일은 형님과 누나도 다 겪은 것이었다고 한다. 그러는 사이에 또 여름은 가고 풍성한 결실의 계절 가을이 풀벌레소리와 함께 천천히 우리 곁으로 다가오는 것이었다.

22

가을이 오고 남녘의 해가 낮아지면 우리 집의 감나무도 미루나무와 함께 잎이 떨어지기 시작했다. 바람이 사늘히 불고 비라도 조금씩 흩뿌리면, 가을날은 여간 쓸쓸한 것이 아니었다. 바람이 불때마다 나뭇잎은 떨어지고 이미 떨어진 나뭇잎은 마당에 이리저리 굴러다녔다. 그러면 나는 색깔이 고운 감나무 잎을 모으는 것이었다. 그것이 마치 큰 값이 나가는 소중한 보물인 양 색색이 고운 나뭇잎을 하나씩 주워 그 반들거리는 빛깔을 음미하면서 한손에 차곡차곡 집어 모았다. 그 나뭇잎이 마르면 그 빛깔이 없어지더라도 그것은 나에게는 문제가 아니었다. 곱게 물든 나뭇잎을 주워 모아 하나씩 보면서 그 고운 색깔에 마음이 흠뻑 빼앗기는 것만으로도 나에게는 행복한 일이었다. 그렇게 해서 가을은 깊어가고 마침내 감나무도 마지막 남은 잎까지 떨어지면, 앙상한 나뭇가지 사이로 초겨울의 차가운 바람이 스치며 지나가는 것이었다.

23

어느 해 봄날 오전이었다. 나는 혼자 큰골 산길을 걷고 있었다. 산허리에는 실안개가 두르고 햇살은 명랑했다. 무심히 산길을 걷고 있는데 길 오른쪽 파아란 보리밭 너머 산자락에 붉디붉은 꽃이 피어있는 것이 보였다. 나는 보리밭을 달려 그 꽃이 있는 곳에 다가갔다. 키 작은 꽃나무에 선홍색 꽃이 가슴 벅차도록 예쁘게 피어 있었다. 꽃나무는 억센 가시가 달린 떨기나무였다. 나는 가만히 앉아 정신없이 그 꽃을 보고 있었다. 내가 산에 혼자 있다는 사실도 잊고 그 꽃에 취해 한참동안 그 자리에서 움쩍도 않고 꽃을 바라보았다. 그리고 한참 후 꽃을 그대로 두고 마을로 내려와 집으로 갔다. 집에 가서 어머니께 그 꽃이 무슨 꽃인지 물어보았다. 어머니는 그것은 봉선화라는 꽃이라 했다. 봉선화는 집에서 기르는 꽃인데 산에 있는 그 꽃이 어찌 봉선화이냐고 되물었다. 집에서 기르는 꽃도 봉선화이고 산에서 피는 그 꽃도 산에 피는 봉선화라고 했다. 아무튼 그날 내가 그 꽃을 보고 느낀 경이와 환희, 감동은 내 생애에서 두고두고 잊을 수 없을 것이다. 그런데 1998년 4월 5일 식목일 날 아버님 산소에 나무 심으러 어머님, 누님과 같이 그곳에 갔을 때, 그 옛날 보았던 그 꽃이 산자락에 피어 있었다. 가까이 가보고 싶었으나 비가 많이 내리고 있었고, 옛날에는 밭이었던 곳이 논이 되어 매우 질어서 발길을 옮기지 못했다. 또 경지정리 한다고 논을 파헤쳐 놓아 곳곳이 물웅덩이가 되어 있었다. 나무 다 심고 내려오면서 내가 어머님 누님께 꽃을 가리키면서 저 꽃이 무슨 꽃이냐고 물었다. 어머님은 여전히 봉선화 꽃이라고 했다. 식물원을 하는 누님은 명자나무 꽃이라고 했다. 두 분의 말씀으로는 옛날에는 그곳 이쪽저쪽에 그 꽃이 많았다고 한다. 지금은 저렇게 혼자 동그마니 피어 그 옛날의 영화를 재현하고 있구나 생각하니 마음이 안타까웠다. 그리고 내가 나이를 먹어서 그런지 그 꽃을 보는 감흥도 그리 설레지 않았다. 그런데 나는 이제까지 어디에서고 거기처럼 그런 꽃이 산에서 자생하는 것을 보지는 못했다. 어느 생물도감에 산당화라는 꽃을 보았는데 그 꽃과 흡사했다. 그래서 그 꽃의 이름이 산당화인지 아니면 명자나무인지도 나는 아직도 모른다. 그러고 나서 또다시 한참의 세월이 흘렀다. 지금 이렇게 옛날에 쓴 글을 정리하니 다시금 그 꽃이 내 마음을 끈다. 내가 근무하는 경북대학교 교정에도 그 꽃이 있고, 2011년 3월 제주도에 여행 갔을 때 서귀포 천지연폭포에서도 그 꽃을 보았다. 그리고 그 꽃의 이름이 명자나무 꽃인 것도 알게 되었다. 그러나 요즈음 보는 명자나무 꽃은 개량종이라 그런지 옛날 어릴 적 내가 보았던 그 꽃과는 사뭇 다르다는 기분이 든다. 세월의 흐름은 사람의 감성도 무디게 하는가. 아 무심한 세월이여.

24

여름날 오후가 되면 새터 아이들이 소풀을 먹이러 산으로 갔다. 나는 동구 밖에 나가 소떼의 행렬을 바라보곤 했다. 아이들은 각자 자기의 소에 타고 열을 지어 산으로 가고는 했는데, 그 모습이 장관이었다. 여러 마리의 소떼는 대오를 갖추고 천천히 움직였다. 아이들은 가슴마다 여름날 오후의 햇살을 가득 안고 각자 자기의 소의 등에 타고 소나무숲을 지나고 갱빈을 지나고, 다시 오두말에서 내려오는 물과 큰골에서 내려오는 물이 합쳐지는 조금은 깊이 팬 거랑을 건너면 소나무 몇 그루가 서 있는 오르막길이었다. 소가 오르막을 오르면 논이 나타났다. 논길을 따라 소떼들은 다시 천천히 움직였다. 등에는 귀중한 자기 주인들인 아이들을 태우고 아무런 불평도 없이 그 순한 발걸음으로 논길을 따라 걸었다. 그 다음 나타나는 것은 산이었다. 소떼들은 산으로 올라가는 것까지만 보이고, 드디어 목적지를 향해 사라지는 것이었다. 시간이 흐르고 해가 기울고 산그림자가 길게 늘어질 때가 되면 아이들은 다시 풀을 잔뜩 먹인 배부른 소를 타고 갔던 길을 따라 돌아왔다. 개선장군 마냥 각자 자기의 소의 등에 타고는 갈 때 보다 더 여유로운 걸음으로 집으로 향했다.

갈 때 모양 열을 지어 각자 일정한 간격을 유지하며 논길을 지나고 내리막길을 내려와 거랑을 건너면 갱빈이었다. 소가 갱빈 자갈밭을 걸어 올 때는 해는 이미 서산에 걸려 마지막 빛을 뿌리고 있었다. 소떼가 소나무숲을 지나고 새터마을로 사라지면 긴긴 여름 해는 서산으로 넘어가고 차츰 어스름이 찾아들었다. 그렇게 해서 여름날의 하루는 또 지나갔다. 나는 동구 밖에서 그 광경을 끝까지 지켜보다가 다시 내일을 기약하며 집으로 돌아가곤 했다.

25

어느 해 봄철에 열렸던 마을 대항 농악대회를 나는 잊을 수 없다. 농악대회가 열리는 날이 돌아왔다. 아침을 먹으면서 아버님께서 말씀하셨다. "오늘 농악대회는 우리 마을이 일등할거야. 우리 마을에는 꽹과리 잘 치는 할아버지가 계시거든……." 농악대회는 지금은 기북중학교가 된 고등공민학교 운동장에서 열렸다. 여러 동네에서 동네마다 한패씩 농악대를 만들어 대회에 참석했다. 어떤 동네는 제법 차림새가 근사했다. 농악놀이 때 입는 농악복장을 하고 머리에는 상모를 달았다. 각 동네의 경연이 시작되었다. 차례대로 한 팀씩 나와 자기 동네의 명예를 걸고 최선을 다해 한마당 농악놀이를 펼쳤다. 드디어 우리 동네 차례가 돌아왔다. 우리 동네는 특별한 농악복장을 입지 않고 평상복 차림이었다. 주위의 사람들이 북적대며 구경을 하고 농악대가 가운데에서 연주를 펼쳤다. 우리 동네는 농악대의 편성이 특이했다. 한가운데 꽹과리 치는 할아버지가 서고, 그 주위를 원을 그리며, 징, 북, 장고, 소고…… 등등을 든 사람이 섰다. 꽹과리의 울림으로 농악은 시작되었다. 꽹과리 장단을 따라 농악대 사람들은 각자의 악기를 치며 꽹과리 할아버지의 주위를 원을 그리며 돌았다. 본격적으로 연주가 시작되었다. 꽹과리 할아버지는 가운데서 춤을 추듯 풀쩍풀쩍 뛰면서 다른 악기가 잘 연주되도록 흥을 돋우어 주었다. 차츰 소리가 무르익어가자 할아버지의 몸동작은 더욱 빨라지고 꽹과리소리는 다른 모든 악기들의 소리를 제압하는 것 같았다. 할아버지는 더욱 신명이 나서 마치 공중을 나는 듯 재빠르게 움직였다. 그때는 할아버지는 너무나 농악에 도취되어 그 혼도 백도 다 날아가 버린 것 같았다. 나는 그 소리에 취하고 할아버지의 몸동작에 취해서 다른 것은 눈에 들어오지 않았다. 한참 듣고 있으니 꽹과리소리와 징소리 밖에 들리지 않았다. 그리고 보이는 것도 꽹과리 치는 사람과

그에 맞추어 징을 치는 사람만 움직이고 다른 사람들은 움직임이 자꾸 느려져가는 것 같았다. 일순 내 귀에는 꽹과리소리와 징소리만 들리고, 내 눈에는 할아버지의 움직임만 보이고, 다른 일절의 사람들은 정지 상태에 있는 것 같았다. 사람뿐만 아니라 온천지가 정적에 휩싸이는 것 같았다. 바람도 멎었다. 일절의 침묵. 순간 꽹과리소리도 정지, 할아버지 몸동작도 정지, 온 풍경이 스틸사진처럼 정지해버렸다. 그리고 얼마의 시간이 흘렀을까. 다시 꽹과리 치는 사람과 징 치는 사람이 보이기 시작했다. 그 다음으로 북, 장고, 소고 등을 든 사람이 보이고 내 옆 뒤 앞에 빙 둘러서서 구경하는 사람도 보였다.

26

누나를 따라 일요일에 새터에 있었던 교회에 간 일이 몇 번 있었다. 초등학교 어린이만 모이는 예배시간이었다. 나는 초등학교 학생이 아니었지만 누나를 따라 교회에 갔다. 그런데 내가 교회에 가서 가장 신나는 것은 설교가 끝나고 밖으로 나와 종소리를 듣는 것이었다. 나는 교회에 가면 가장 뒤쪽 출입문 가까이에 앉았다. 목사의 설교는 나는 이해하지 못하였을 뿐 아니라 통 관심이 없었다. 오직 빨리 예배가 끝나고 울리는 종소리가 듣고 싶어 출입문 가장 가까이에 앉아있었던 것이다. 이윽고 예배가 끝나면 나는 재빨리 바깥으로 나왔다. 그러면 나보다 나이 많은 어린이가 그도 기다렸다는 듯이 뒤따라 나와서는 종루에서 늘어져 내린 밧줄을 힘껏 잡아당겼다. 그러면 "땡그렁"하고 종소리가 울렸다. 그 퍼져나가는 소리, 얼마나 듣기 좋았던가. 다시 밧줄을 당겼다. 또 땡그렁, 땡그렁…… 평화의 종소리는 이렇게 울리어, 먼 데로 먼 데로 울려 퍼져나갔다.

27

겨울이 삭막한 풍경만 보여주지 않는 것은 눈이 오는 날이 있기 때문이다. 낮에 갑자기 먹구름이 끼면서 눈발이 펄펄 날릴 때 우리는 얼마나 즐겁고 신이 났던가. 겨울의 어느 날 아침, 일찍 잠을 깨어 방문을 열었을 때 흰 눈이 수북이 내려 온 세상이 은빛으로 덮인 것을 보고는 또 얼마나 놀랍고 가슴 설레었던가. 그런 날에 한 가지 볼 것이 있었는데 그것은 바지게와 끈으로 참새를 잡는 것이었다. 그것은 형님 또래의 몫이었다. 좀 높이가 있는 곳에 동그랗게 눈을 쓸고 새의 먹이를 놓아두었다. 그 위로 바지게나 판자덮개 같은 것을 세워두고 끈이나 새끼줄을 매달았다. 그 끈을 길게 뻗혀 쥐고 낮은 논둑 밑에 숨거나, 방안 등에서 줄을 붙잡고 있었다. 여럿이 함께 참새잡기에 나설 때에는 한 쪽은 그렇게 하고 있고, 다른 패들은 새를 훑치러 동네방네를 돌아다녔다. 각자 대나무 확대를 하나씩 들고 새가 앉아 있는 나무나 지붕을 치며 새가 바지게 장치해 놓은데 가라고 윽박질렀다. 새들은 가뜩이나 눈 때문에 먹이가 없어 고생하는데 애들이 못살게 구니 더욱 괴로웠으리라. 그렇게 귀찮게 구는 아이들을 피해서 이리저리 날아다니다가 눈이 깨끗이 치워져 있고 모이가 놓인 그곳을 보았을 때 매우 기뻤으리라. 그래서 그곳에 내려앉아 정신없이 모이를 먹는 것이었다. 그때 논둑 밑에 숨어있는 아이가 줄을 세차게 잡아당겼다. 그래도 더러는 운 좋게 빠져나가는 놈도 있지만, 넋 나가 먹이를 먹던 다른 놈들은 꼼짝달싹도 못하고 바지게 밑에 깔리는 것이었다. 그러면 그 아이는 날아갈 듯 기쁜 기분으로 새가 달아나지 못하도록 조심하면서 참새를 한 마리씩 잡아 주머니 같은 곳에 담는 것이었다.

28

겨울의 밤은 길고도 깊었다. 나는 옛날이야기 듣는 것을 참 좋아했다. 우리 집 근처에 또열이라는 분이 살았는데 나이가 지긋한 분은 아니고, 청년에 해당될까한 그런 분이었다. 호롱불을 밝히고 갖가지 이야기꽃을 피우는 겨울밤이면 그 분은 우리 집에 오셔서 내게 옛날이야기를 해주었다. 그분의 이야기 레퍼토리는 무궁무진했다. 밤에 그분이 오는 기척이 나면 나는 뛸 듯이 기뻤다. 그분은 방구석에 앉아서 이야기보따리를 풀었다. 옛날 옛날에……로 시작되는 이야기가 절정으로 달려갈 무렵이면 나의 눈은 더욱 반짝이고 입에는 침을 꼴깍 삼켰다. 그리고 책상다리를 한 채로 몸은 또열이 아저씨 앞으로 더욱 바짝 다가갔다. 그렇게 한 이야기가 끝나면 다시 다음 이야기가 시작되었다. 그렇게 시간은 가고 밤이 깊어지면 그분의 이야기도 끝나고, 내일 밤에 또 오리라고 약속을 하고서 집으로 돌아갔다. 나는 그날 저녁에 들은 이야기를 생각하면서 잠자리에 들었다. 꿈속에서도 달콤한 옛날이야기가 떠오르며 나를 행복의 나라로 빠져들게 했다.

29

겨울에 얼음판 위에서 하는 놀이가 있으니 그것은 팽이치기였다. 형님이 만들어준 팽이를 받아든 날 내 마음이 얼마나 기쁨으로 넘쳐났는지 사람들은 모를 것이다. 참나무 등걸로 만든 팽이는 나뭇결을 따라 예쁘게 무늬가 져서 더욱 보기가 좋았다. 거기에다가 팽이 위쪽 면에 색칠을 하고 돌리면 고운 빛깔이 어우러져 팽이 돌리기 놀이는 한층 재미가 있었다. 미끄러운 얼음판 위에서 먼저 팽이를 고정시키고 힘껏 돌리면 팽이는 일시에 회전을 시작했다. 그러면 처음에는 팽이채로 팽이를 살살 치다가 가속이 붙으면 있는 힘을 다해 후려갈겼다. 한참 힘차게 때리면 팽이는 아파서 우는 듯 윙윙 소리를 내었다. 신나게 놀다보면 겨울의 추위도 어느새 잊어버리고 주위의 풍경도 내 눈에는 더 이상 들어오지 않았다. 기뻐하는 내 마음을 아는 듯 자기도 따라 신명이 나서 돌아가는 팽이만 보였다. 팽이하면 또 생각나는 것이 가을의 도토리이다. 그때는 가을의 초입에 들어서면 연례행사처럼 꿀밤<졸참나무 도토리>을 따러 산으로 갔다. 어머니께서 꿀밤을 따러 산으로 가는 날이면 나는 어머니의 꿀밤 따는 모습을 마음속으로 그리며 상념에 잠기는 것이다. 산의 어디에 어떤 나무에 꿀밤이 열릴까. 어떤 모습으로 열려 있을까. 어떻게 딸까. 힘들지 않을까. 생각이 생각에 꼬리를 물고 내 머릿속을 주마등처럼 스치고 지나가는 것이다. 드디어 어머니께서 꿀밤을 따서 집으로 돌아오셨다. 따온 푸릇한 꿀밤을 방안에 풀어놓으면 그것만으로도 풍성한 가을을 느끼기에 충분하였다. 날씬하게 길쭉하면서도 살이 찐 꿀밤, 나는 그것으로 또 다른 팽이를 만들어 노는 것이다. 우선 꿀밤의 위쪽을 칼로 자른다. 거기에 성냥개비를 꽂아서 돌리면 뱅글뱅글 돌아가는 훌륭한 팽이가 되는 것이다. 그 팽이돌리기는 호롱불을 켜고 밤이 늦도록 계속되었다. 어떤 때는 다음 날까지도 그 놀이를 그치지 않았다.

30

우리 마을의 동사는 나의 큰집 맞은편에 있었는데 내 눈에는 멋있고 고색창연한 기와집이었다. 남향으로 지어진 이 집은 양옆으로 방이 두 개 있고 가운데는 널따란 대청마루였다. 형님 말씀으로는 대청마루는 톱이나 대패를 쓰지 않고 통나무를 도끼로 쪼아 평평하게 만든 것이었다고 한다. 그 만드는 데 든 노고가 어떠했는지 짐작이 가고도 남음이 있으리라. 여름에는 대청마루가 어른들의 쉼터인 동시에 아이들의 놀이터였다. 마루는 남북으로 확 트인 공간이라 북쪽에서 바람이 불어오면 그리 시원할 수가 없었다. 우리 어린아이들은 뛰며 구르며 노느라고 시간 가는 줄을 몰랐다. 동사 북편 돌담에는 호박잎이 무성했는데, 불어오는 북풍을 타고 솥뚜껑만한 호박잎이 일렁이며 춤을 추었다. 그 사이로 또 붉은 강낭콩 꽃이 뒤따라 앙증맞게 춤을 추었다. 누님의 말에 의하면 그때 언젠가 그 마을에 유랑연극단이 와서 동사 대청마루에서 며칠 동안 공연을 했다고 한다. 낮에 공연을 펼친 후 밤에 연극단원들이 대청마루에서 남자 여자가 섞여서 잠을 잤다는 것이다. 연극도 연극이지만 마을 사람들은 연극단원들의 그러한 행동을 보고는 보지 않아야 할 것을 보았다는 듯 이상히 여겨서 그분들의 그런 행동에 대하여 한참동안 동네사람들의 입방아의 대상이 되었다고 한다. 그런 동사도 이제는 헐리고 그 옛날의 영화를 아는지 모르는지 새로운 마을회관이 들어섰다. 그리하여 그때의 일은 가슴 속 아련한 추억으로만 남아있게 되었다.

31

초여름 인동덩굴이 향기를 날리고 밤꽃이 피고 또 지면 장마철이 돌아왔다. 비온 후에 어른들이 도랑에서 대나무 소쿠리로 미꾸라지를 잡는 것을 보는 것도 색다른 재미였다. 그날도 비온 후 날이 개고 동네 웃각단 아랫각단 사이에 흐르는 도랑에는 미꾸라지 잡이로 떠들썩했다. 나는 그 모습을 구경했는데 소쿠리를 도랑구석에 대고 발로 고마리 잡초가 무성한 도랑가를 휘저으며 밟다가 그대로 끌어올렸다. 그러면 허탕 칠 때도 있었지만, 어떤 때는 큰 놈, 어떤 때는 여러 놈, 또 어떤 때는 작은 놈의 미꾸라지가 소쿠리에서 놀란 듯이 꼬물거렸다. 이렇게 고기를 잡으며 도랑을 내려가는데 굉장히 놀라운 일이 벌어졌다. 도랑 어디쯤에 내려갔을 때였을까. 커다란 구렁이 한 마리가 도랑가 풀섶에 입을 딱 벌리고 혀를 날름거리며 앉아있는 것이었다. 고기를 잡던 사람은 그것을 보더니 어이쿠 이런, 잽싸게 구렁이 대가리를 손가락으로 꽉 잡았다. 그리고 순식간에 껍데기를 확 벗겨버렸다. 살이 드러난 뱀은 그래도 죽지 않은 모양 꾸물텅거리고 있었다. 고기 잡던 사람은 근처에 있는 지푸라기를 걷어서 그 지푸라기로 뱀을 질끈 묶었다. 그래도 뱀은 꾸물렁꾸물렁 움직였다. "오늘은 참 기분이 좋구만. 미꾸라지도 잡고 구리도 잡고…… 허허, 허허허……" 그 사람은 미꾸라지통과 소쿠리 그리고 잡아 묶은 뱀을 들고 집으로 향했다. 나는 그 사람의 뒤를 따라가 보았다. 집에 도착한 그 사람은 그 잡은 뱀을 마치 큰 전리품인 양 처마 끝에 매달아놓았다. 그때까지도 뱀은 죽지 않은 모양으로 꾸물텅꾸물텅 움직였다. "하아, 저것이 그래도 살아서 움직이네." 나는 놀라운 마음으로 한참동안 그 엄청난 광경을 바라보고 있었다.

32

우리 집 뒤쪽 길을 지나 갱빈을 따라 올라가면 사람들이 흔히 우봉숲이라고 부르는 나무가 우거진 곳이 있었다. 숲은 어린이 놀이터 구실도 하고 마을 어른들이 마을 회의도 하는 말하자면, 요새로 치면 유원지인 동시에 마을사람들의 모임의 장소였다. 봄이 오면 나는 나물 캐러 가는 누나를 따라 숲으로 자주 가곤 했다. 그러나 숲이 가장 멋을 부리는 때는 복사꽃이 한창 필 무렵이었다. 숲에는 돌복숭아나무가 우거져 그것이 일제히 꽃을 터뜨리면 일대 장관을 이루었다. 나는 그때쯤 혼자서 숲에서 복사꽃도 보고, 숲 이곳저곳을 돌아다니며 새순이 돋아나는 가지가지의 풀도 유심히 관찰하곤 했다. 숲의 한가운데에는 둥그렇게 잔디밭이 있었다. 꽃이 피어 절정에 이를 무렵 잔디밭에서 바라보면 온 사방이 복사꽃 천지였다. 가지가 무성하고 키가 훤칠 큰 고목도 있고, 이제 땅에서 솟아나와 가지 하나를 힘차게 뻗고 있는 어린나무도 있었다. 고목이나 어린 나무나 모두 불그레하게 복사꽃이 피면 숲은 복사꽃 만발로 정말이지 도원경이 따로 없었다. 또 여름에는 숲은 시원한 그늘을 만들어주었다. 돌복숭아나무라 복숭아가 많이 열리는 것은 아니었지만, 큰 복숭아나무의 가지 끝에는 하나씩 복숭아가 달리는 것이었다. 아이들은 그것을 따려고 나무에 올라가서는 기를 쓰고 나무를 흔들었다. 그러나 가지에 딱 달라붙은 복숭아는 좀채로 떨어지지 않았다. 복숭아나무 뿐 아니라 숲 가장자리 여기저기에는 잡목이 풀과 함께 자라 으슥하고 컴컴하기까지 했다. 가을의 숲도 그런대로 멋이 있었다. 무성하던 나뭇잎은 점차 퇴색되어 불어오는 건들바람에 하나 둘씩 힘없이 떨어지고, 떨어진 잎은 땅을 푹신하게 덮었다. 그리하여 숲은 처연히 그 본연의 모습을 드러내는 것이다. 여름 내내 그렇게 시끄럽던 매미소리는 사라진지 이미 오래, 그나마 들리던 풀벌레 소리마저 자취를 감추는 날, 드디어 숲은 체념한 듯 자신의 진실한 모습을 드러내며 지나가는 새에게 쉴 곳을 마련해주는 것이다. 겨울이면 그곳에 생명의 고동소리를 잠재우려는 듯 하얗게 눈이 덮일 것이다. 숲은 그렇게 계절에 따라 그 모습을 바꾸어 가면서 자연의 따스함을, 자연의 너그러움은 말없이 선사하는 것이다. 지금도 어떤 때는 이 삭막한 시멘트바닥에서 사느니 숲으로 가서 숲의 향기에 취하여 사는 그런 꿈을 꿀 때가 있다. 말없이 베푸는 자연의 고마움을 아는 것은 정녕 세상사 사소한 일에 구애받지 않고, 인생의 역경에 좌절하지 않으리니 넓은 마음으로 세상을 그리고 인생을 바라볼 줄 알고 인생의 진정한 멋을 즐길 줄 아는 사람이리라. 아, 위대한 스승 자연이여. 그 숲도 이제는 없어지고 모두 논으로 개간되었다고 한다. 그러나 나이 든 사람들은 그 숲의 내력을 다 알고 있을 것이다.

33

옛날에는 정월보름도 큰 명절이었다. 우리 동네에는 정월보름에 동네를 웃각단 아랫각단으로 나누어서 줄다리기를 하는 풍습이 있었다. 보름 며칠 전부터 동네는 부산했다. 집집이 볏짚을 가져다가 줄을 땋았다. 그 줄이 다 완성되면 보름전이라도 웃각단 아랫각단 사이에 질펀하게 펼쳐진 논에서 줄다리기를 시작하곤 했다. 승부는 막상막하. 우리 집이 속한 아랫각단이 이길 때도 있었고 큰집이 있는 웃각단이 이길 때도 있었다. 줄다리기를 하지 않을 때에는 조금 큰 아이들이 줄을 어깨에 메고 때로는 노래도 부르고, 때로는 함께 구령을 붙여 소리치며 마을 골목길을 돌아다녔다. 그리고 저녁때가 되면 줄을 당수나무에 걸쳐놓았다. 드디어 보름날. 누나와 나는 새벽 일찍 잠을 깨어 방안에서 바깥을 내다보며, 마당을 향해 "새박 딱딱 고두박 딱딱 후여후여……" 몇 번이나 외치곤 했다. 요새 와서 생각하면 이 소리는 액운이 물러가고 우리 집에 복이 많이 들어오라는 일종의 주문 같은 것이리라. 이럴 때면 차가운 새벽의 하얀 마당이 더욱 새하얗게 보였다. 보름날 오후, 줄다리기는 마지막 대미를 장식했다. 암줄과 수줄을 연결하여 사람들이 우르르 줄에 매달려 구령을 붙여가며 자기가 속한 팀이 승리하도록 죽을힘을 다해 줄을 당겼다. 승부의 세계는 언제나 승자와 패자가 있기 마련이다. 이긴 팀은 이겨서 만세소리 기쁘고 진 팀은 진 팀대로 내년에는 꼭 이겨야지 기약하며 아쉬움을 달랬다.

보름이 지나면 서서히 농사준비도 하고 사람들의 마음속에는 이미 봄이 와 있었다.

34

봄이 오는 소리가 들리니 이른 봄 살구꽃 벙그는 소리였다. 머언 들 가에는 물빛에 젖은 산이 어리고, 그 아래로 펼쳐진 푸른 보리밭에는 대지의 숨소리인양 아지랑이가 피어올랐다. 햇살에 반짝이는 개울물은 제 흥에 겨워 촐촐 소리 내며 흐르고 그 개울 끝자락에 서 있는 한 그루 수양버들은 온통 생기가 넘쳐 연두 빛으로 물들어갔다. 그때 한 줄기 불어오는 봄바람이 멀리서 그리운 소식을 싣고 오듯 내 뺨을 스친다. 아, 봄이란 그저 봄이 오는 아침 들녘에 서 있는 것만으로도 얼마나 우리의 마음은 설레고, 기쁨과 희망의 함성을 지르고 싶었던가. 개울의 물은 어제의 물이 아니며, 길섶의 새순은 어제의 새순이 아니고, 불어오는 봄바람은 어제의 바람이 아니다. 지금 이 순간, 나는 바로 아득히 먼 곳에서 발자국소리를 내며 오고 있는 봄을 마음속으로는 환희의 송가를 부르면서 맞이하고 있는 것이다. 그렇다. 이제 시작이다.

35

어느 여름날 나는 어머니를 따라 한들에 있는 물레방앗간에 간 일이 있다. 물레방아는 물이 세차게 흐르는 거랑가에 있었다. 큰 바퀴가 물을 받으며 여유롭게 돌고, 방앗간 안에는 여러 가지 기기들이 움직였다. 그러나 나는 그 기기들이 물레방아의 힘으로 움직인다는 사실을 그때는 몰랐다. 물레방아는 그저 보기 좋으라고 장식으로 만들어 놓은 것으로, 물레방아는 물레방아대로 돌고, 그 다양한 기기는 다른 그것들을 움직이게 하는 기계가 있어서 일사불란하게 작동하는 것인 줄 알았다. 설마 물이 무슨 힘이 있어서 그 육중한 기계들을 돌리겠느냐고 나는 그렇게 생각했다. 심지어 '기계가 돌아가니까 그 힘으로 물레방아가 돌겠지'라고 나는 거꾸로 생각하기도 했다. 물레방아는 어쨌든 잘도 돌아가고, 갖가지 기계들은 나름대로 할 일을 하면서 규칙적으로 움직이고 있었다. 나는 방앗간을 나와 물이 흘러가는 거랑을 따라 난 길을 걸어갔다. 그리고 왼편 아래 거랑을 내려다보았다. 물이 활기찬 여울을 이루며 힘차게 흘러갔다. 저 아래에 시퍼렇게 흐르는 물을 보니 갑자기 겁이 덜컥 났다. "야아, 저기에 빠지면 죽겠지." 나는 서둘러 안전한 길로 피했다. 그리고 다시 물레방아 있는 데로 왔다. 어머니가 계시는 물레방앗간 뒤편에 가보았다. 거기는 촘촘히 난 구멍으로 잔치국수가 만들어져 나오고 있었다. 일정한 길이가 되면 국수는 머리카락 잘리듯이 자동적으로 잘렸다. 그것을 말린 뒤에 모으면 한 며까리<묶음>씩 잔치국수가 되었다. 그 시절에는 잔치국수가 귀한 음식으로 그야말로, 잔칫날에나 얻어먹을 수 있었다. 여름날 저녁에 흔히 먹는 것은 어머니께서 손수 미신 칼국수였다. 따라서 잔치국수는 좀처럼 먹을 기회가 없었다. 그러니 그 자잘한 구멍으로 가는 국수가 나오는 광경을 보는 것, 그 자체가 얼마나 내 마음속에 깊은 인상을 심어 주었겠는가. "하아, 잔치국수는 저렇게 해서 만들어지는구나!"

36

우리 집에는 우물이 없었다. 공동우물은 우리 집 북쪽에 집에서 거리가 꽤 떨어진 곳에 있었다. 그러므로 그 멀리까지 가서 물을 길어오는 것도 크나큰 집안일이었다. 어머니께서 물동이 한가득 물을 담아 머리에 따뱅이<똬리>를 받치고 그 위에 물동이를 얹어서 그것을 이고는,

한손으로 물동이를 붙든 채 또 다른 한손으로는 넘치는 물을 훔치면서 균형을 잡아가며 사뿐사뿐 재빠르게 걸어오는 모습은 나에게는 경탄할만한 묘기같이 보였다. 길어온 물은 물옹가지에 담아두고 일상의 생활용수로 쓰는 것이다. 우물이 없기는 큰집도 마찬가지였다. 큰집에는 근처 땅골 가는 냇물 오른쪽에 있었던 새말댁이라는 집 앞에 있는 공동 샘에서 물을 길어다 썼었다. 지금은 그 집이 헐려서 없어지고 그 샘도 따라서 없어졌다. 여느 산골마을과 마찬가지로 그 마을도 이농현상이 심하여 헐린 집이 많고 주민의 수도 많이 줄었으나 그때는 땅골 가는 길 냇물을 따라서 올라가는 오른쪽에 집이 여러 채 있었다. 왼쪽에도 집이 있었다. 그런 것을 보다보면 참으로 세월의 무상함을 실감하게 된다. 하여튼 그 땅골 냇가 구석진 곳에 샘이 있었던 것이다. 샘물이 퐁퐁 솟아나오는 모습도 참 보기 좋고 신기했다. 퍼내고 퍼내도 다시 솟아나오는 물, 그 물을 바가지로 퍼서 물동이에 담아 집으로 가져다가 갖가지 일상의 용도로 쓰는 것이다. 나는 어느 날 가재를 잡아 그 샘에 넣어두고 그것을 관찰하며 놀았던 기억도 내 마음 속에 남아있다.

37

가을이 자꾸 깊어지면 겨울이 오는 법, 초겨울의 자연은 그것 나름대로 운치가 있었다. 여름이 지나면 가을, 오두말에서 내려오는 물은 더 이상 내려오지 않고 갱빈은 말라 전체가 자갈밭 모래밭으로 변했다. 초가을에 갱빈에 더부룩하게 자란 머리쑥을 뜯어서 냄새를 맡아보면 그 향기가 독특했다. 가을의 햇살은 하도 맑아 그 햇살을 그냥 두기에는 여러모로 아까웠다. 나는 나의 동무와 갱빈을 놀이터 삼아 신물이 나도록 놀았다. 그렇게 해서 또 시간은 흘러가고 초겨울이 찾아왔다. 오두말에서 내려오는 갱빈물은 말랐지만 큰골 땅골에서 내려오는 물은 사철 마르지 않고 조금씩이라도 흘렀다. 초겨울이 되면 물이 잦아들어 갱빈은 큰 바위가 드러나고 물 있는 곳보다 물 없는 곳이 더 넓게 되었다. 조금씩 흐르는 물은 곳곳에 소를 만들었다. 어느 날, 아버님 고기 잡는 데 따라갔다. 큰골 땅골에서 내려오는 물길에 수정같이 맑은 살얼음이 얼었다. 아버님은 커다란 메<그것을 사람들은 메라고 불렀다.>를 들고 거랑 이곳저곳을 다니다가 고기가 있다 싶은 곳의 바윗돌<바윗돌이래야 커다란 돌이라고 생각하면 된다. 내 생각에 크게 보였다는 것뿐이다.>을 메로 힘껏 내리쳤다. 그리고 바로 바위를 뒤집으면 버들뭉치들이 허옇게 둥둥 떠오르는 것이었다. 고기를 이렇게도 잡는구나. 잡은 고기는 들고 온 통에 넣었다. 아버님은 고기 있는 곳을 잘도 골라 커다란 메로 정확하게 내리치는 것이었다. 고기가 움직이지 않고 떠오르는 것을 보고 나는 아버님께 물어보았다. "아부지요, 고기 이거 죽은 건기요?" "아니야, 죽은 것이 아니고 잠시 기절한 것뿐이야." 그렇게 잡은 고기는 아버님께서 손수 장만하셔서 어머니께 드리면 어머니는 그것으로 매운탕을 끓이셨다. 그날 저녁은 그 매운탕으로 맛있게 저녁식사를 할 수 있었다. 그러던 것이 지금은 큰골과 땅골에 저수지가 생겼다. 그래서 지금도 겨울에 그 개울에 물이 흐르는지 모르겠다.

38

비가 억수처럼 내려 큰물이 지고 도랑마다 물이 넘쳐흘렀다. 평소에 실개천처럼 얌전히 흐르던 갱빈의 물은 포효하는 호랑이 이빨처럼 흰 포말을 일으키며 거칠게 흘렀다. 누나는 책보를 챙겨 학교 간다고 집을 나섰다가 도로 집으로 돌아왔다. 동구 밖을 지나니 건너편 새터 쪽에서 선생님들이 나와서, 위험하니 물을 건너지 말고, "집으로 가! 집으로 가!" 손을 모아 외치더라는 것이다. 사라호 태풍으로 혼이 났던 사람들은 홍수가 나면 또 그때처럼 피해가 많지 않을까 은근히 걱정이 되어 큰물 지는 것을 두려워했다. 요즈음은 그 갱빈에도 튼튼한 시멘트다리가 놓였다. 그래서 여간 비가 많이 와도 그때처럼 학교에 가지 않고 '이게 웬 떡이냐' 하면서 신나게 집으로 돌아오는 일은 없게 되었다.

39

새터는 우리로서는 대처였다. 가보면 언제나 제재소 나무 자르는 소리가 요란하게 들리고 어쩌다가는 트럭이나 버스도 보였다. 시장도 제법 커서 장날이면 사람들이 북적거려 여느 시골장터 못지않았다. 물건을 놓는 전은 바닥을 조금 높이 시멘트를 깔고 지붕은 비 가리개도 되어 있었다. 또 초등학교도 있고 고등공민학교도 있었다. 고등공민학교는 우리 마을과 마주하고 있었는데, 점심 때쯤 이면 학생들이 도시락을 들고 학교 옆 둑방에서 점심을 먹는 모습을 볼 수 있었다. 요즈음에는 마을 옆에도 제방을 쌓았지만 그 때는 공민학교 쪽에만 둑이 있고 우리 마을 옆은 자연 그대로 방치된 하천이었다.

40

오월의 햇살이 눈부신 어느 날, 우리들은 목단[모란]이 화려하게 핀 앞집 뒤안 그늘에서 놀게 되었다. 우리 또래의 아이들이 여럿 모였다. 우리는 깔깔대며 시간 가는 줄 모를 정도로 신나게 놀았다. 떨어진 모란 꽃잎을 손바닥에 올려놓고 자세히 보기도 하고 혹은 숨을 내쉬며 불어보기도 했다. 그때 어떤 아이가 모란 꽃잎을 따서 꽃잎 아래 흰 부분을 조심스레 발갔다. 그렇게 발근 꽃잎은 표면이 끈적끈적하여 얼굴에 붙이니 그것이 떨어지지 않고 그대로 붙어 있었다. 그 붙은 모습이 닭의 볏 같아서 그대로 닭이 되었다. 또 다른 아이는 소가 되고 또 귀신도 되었다. 우리는 각각 자기 모습에 취해서 자기가 제일인 양 잘난 체 하면서 떠들고 놀았다. 그렇게 해서 그날도 그 놀이로 재미있고 신나는 하루를 보내었다.

41

더운 여름이 되면 온 천지의 열기로 사방의 풀이 무성하게 자라고, 도랑의 빨래터에는 맑은 물이 주야를 가리지 않고 흘렀다. 어머니께서 도랑에 빨래하는 동안 나는 물놀이에 여념이 없었다. 그러면 어떤 때에는 도랑에 미꾸라지가 노니는 것이 보였다. 돌이 많은 도랑이라 재바른 미꾸라지를 잡으려 하면 잽싸게 다른 돌 밑으로 도망가 숨곤 하였다. 조심스럽게 돌을 들어내고 두 손으로 답삭 잡으면, 야, 성공, 그 잡힌 미꾸라지는 내 것이 된다. 몇 마리 잡은 미꾸라지를 물을 담은 검정고무신에 넣고 바라보고 있노라면, 내가 마치 온 세상을 얻은 듯 가슴 뿌듯하고 흐뭇했다. 운 나쁘게 잡혀서 고무신에 담긴 미꾸라지들이 아가미로 뻐끔뻐끔 숨 쉬는 모습을 관찰하는 것도 나로서는 크나큰 즐거움이었다. 거기에다가 풀을 뜯어서 같이 넣어두기도 했다. 미꾸라지를 한참동안 가지고 놀다가 그것을 가지고 어머니를 따라 집으로 왔다. 저녁밥을 지을 때 어머니께서는 그 미꾸라지를 물기에 적신 호박잎에 싸서 불에 구워 나에게 주었다. 나는 잡은 때를 생각하며, 그 미꾸라지의 고소한 맛을 즐기며 먹었다. 그러나 먹는 것이 즐거운 것이 아니라, 그 미꾸라지를 잡는 과정, 잡아서 가지고 노는 것, 그것이 나는 즐겁고 재미있는 일이었다. 그것은 어려운 말로 하자면, 그 미꾸라지로 해서 나는 자연과 하나가 되는 기쁨을 누린 것이다.

42

차가운 겨울밤에 언 몸을 따뜻이 녹일 쉴 집이 있다는 것, 이 얼마나 다행스러운 일인가. 긴긴 겨울 한밤을 보내고 다시 새로운 하루를 맞는 새벽이 온다는 것은 또 얼마나 큰 축복이랴. 한겨울 어떤 때, 새벽에 잠을 깨면 어머니께서 먼저 일어나 헤어진 옷을 꿰맨다든가, 낮에 못한 일들을 하고 계셨다. 바깥에는 겨울바람소리, 나무들 우는 소리가 뒤섞이어 크게 때로는 작게 들리었다. 그때는 시계가 없었다. 그래서 그때는 닭울음소리나 별의 위치를 보고 지금 시간이 어떻게 되어 가는지 알 수 있었다. 어머니께서 찬바람을 맞으시며 바깥에 나갔다 들어오면서 하시는 말씀, 삼태성이 지금 어디쯤 걸려 있으니까 곧 아침을 해야 할 시간이 되어가는구나. 그 삼태성이란 지금 생각하면, 겨울철 대표적 별자리인 오리온자리의 가운데 세 개의 별을 가리키는 것이리라. 또 수탉이 몇 번

째 울면 시간이 어떻게 되어가는구나 대강 짐작할 수 있었다. 첫닭이 우는 소리는 새로운 하루가 시작된다는 요사이로 치면 자명종구실을 하는 것이었다. 몇 번째 닭이 울면 바깥이 희붓해지고 그 긴긴 겨울밤도 끝나간다는 것을 알리었다.

43

음력 이월 말께 꿩이 홰를 치며 울 때쯤이면 밭에 삼씨를 뿌렸다. 시간이 지나면 삼은 녹은 땅을 헤집고 싹들이 돋아났다. 그 싹은 쌍떡잎식물로 매우 작았다. 그 싹과 비슷한 것이 그곳에서는 뜨깨덩굴이라 부르는 골치 아픈 잡초인 한삼덩굴의 싹이었다. 이른 봄에 한삼덩굴의 싹을 보면 그것이 삼이 아닌가 의심이 들 정도로 흡사했다. 아무튼 삼은 몇 달이 지나면 그 여리고 작은 싹이 내 키보다 더 크게 성장했다. 아닌 게 아니라 그것은 성경에 나오는 "네 시작은 미약하였으나 네 나중은 심히 창대하리라."라든가, "마치 사람이 자기 밭에 갖다 심은 겨자씨 한 알 같으니, 이는 모든 씨보다 작은 것이로되 자란 후에는 풀보다 커서 나무가 되매 공중의 새들이 와서 그 가지에 깃

들이느니라."라는 말에 어울리는 것이었다. 칠월 달 모심고 논 매놓고 난 후 그 크게 자란 삼을 베었다. 그 벤 삼의 이파리들을 일일이 대나무로 만든 빼체로 빼쳐서 없앤다. 그러고 난 후 돌삼구덩이에 여러 집의 삼들을 합하여 넣고 불을 때어 충분히 익힌다. 그리하여 익은 삼을 꺼내어 흐르는 도랑물에 담가 불군다. 이 모습은 옛날에는 흔히 볼 수 있었다. 그러면 껍질을 벗기기 쉽게 되는 것이다. 그렇게 불궈진 삼(이것은 작은 나무이다)의 껍질을 벗겨서 일일이 손으로 짼다. 그 짼 삼을 양잿물에 담가 바래면 색이 고운 삼이 된다. 그 삼을 한쪽을 깐축하게 해서 다발로 묶으면 그야말로 노천명 시인의 시 남사당에 나오는 "삼단 같은 머리를 땋아 내린 사나이"의 그 삼단이 되는 것이다. 그리하고 난 후 그 삼을 정강이에 대고 문질러 일일이 삼으면 긴 삼실이 된다. 한창 삼을 삼다보면 정강이가 벌겋게 멍이 들 정도였다. 그 삼실을 다발로 묶고 그 다발을 물에 녹여서 물레로 저어서 가느다란 실을 뽑아낸다. 그제서야 비로소 실다운 실이 되는 것이다. 그 실을 가락에 감아 돌곳에 올려서 양잿물에 찐다. 그러면 누렇던 삼실이 색이 바래져 제법 반들거리는 흰 실(새하얗다고는 할 수 없지만)이 되는 것이다. 그 실을 도랑물에 씻고 다시 양잿물에 삶고 하는 과정을 여러 번 되풀이하고 풀을 먹이면 그제사 비로소 옳은 실이 되는 것이다. 그리고 그 실을 돌곳에 걸어서 광지리<광주리>나 당시기에 둥그리 하게 니래<내려> 담는다. 당시기에 둥그렇게 담겨있는 그 실의 탐스런 모습은 지금도 내 눈에 선하다. 이것이 어머니의 피땀이 어려 있는 근면의 실이라는 것을 나는 그때는 알지 못했다. 이렇게 만들어진 실을 실꾸리에 감아서 배틀 바디에는 날줄을 걸고 북에는 씨줄을 넣어서 한 올 한 올 베를 짜게 되는 것이다. 그때는 베 짜는 일이 하나의 큰일이었다. 베를 짜야 입을 옷이 생기는 것이다. 뭐 하려고 그렇게 힘들게 베를 짰느냐고 요새 와서 어머니께 물으면 베를 안 짜면 입을 옷이 없었는데 어쩌겠느냐고 하신다. 베틀에 앉아 베를 짜는 것, 그것은 아내로서 어머니로서 여자의 하나의 숙명이었다. 어머니는 고생이 고생인 것을 모르고, 힘든 게 힘든 것인 줄 모르며, 사는 게 으레 그러려니 당연한 것으로 받아들이는 것이었다. 우리 어머니는 그런 분이다. 지금도 고향집 아래채 방에서 손으로는 북과 바디를 연신 움직이고, 한편으로는 눌림대를 바삐 아래위로 동작시키면서 베 짜는 어머니 모습이 내 마음속에 선연하게 다가온다. 그 베틀 철거덕거리는 소리도 내 귓전을 맴도는 것 같다. 그리고 삼나무에서 삼을 벗기고 나면 하얗게 속살이 드러난 나무가 남는데 그것을 재랍[겨릅]이라고 한다. 그 재랍은 초가집을 지을 때 처마를 덮는 재료로 요긴하게 쓰이었다. 그리고 이 삼을 생각하면 또 하나 떠오르는 것이 목화이다. 목화솜, 그 말만 들어도, 그 느낌만으로도 얼마나 몸이 따뜻하여지고 마음이 훈훈하여지는가. 그때는 목화솜으로 탄 솜이불을 하나 장만하는 것은 요새로 치면 집안에 고급가구를 들여놓는 것과 마찬가지로 귀중한 것이었다. 그리고 목화로 꼰 실로 옷을 만들어 입으면 매서운 추위가 몰아치는 겨울의 방한복으로서 그만한 것이 없었다. 나는 요즈음에 와서도 목화만 보아도 마음이 어느새 포근하여진다. 그리고 씨아와 물레가 생각난다.

44

어느 여름날 밤이었다. 기북초등학교 운동장에서 재미있는 것을 보여준다기에 저녁을 먹고 어른들을 따라 거기에 놀러갔다. 어두운 학교 운동장 한가운데 사람들이 모여 앉아있었다. 흰 천으로 천막도 치고, 요새로 말하면 은막도 근사하게 만들어놓았다. 우리는 그 앞에 자리를 잡고 앉았다. 과연 무엇을 보여줄까. 한참을 기다린 후에 드디어 재미있는 일이 시작되었다. 그것은 다름 아닌 영화였다. 그것은 다큐멘터리 필름이었는데 갖가지 동물들이 살아가는 모습을 찍은 것이었다. 소리가 없는 무성영화였는데 지금도 기억나는 것은 바로 원숭이의 살아가는 모습이었다. 바닷가에 비스듬히 자란 키 큰 야자수 위를 눈 깜작할 사이에 종종걸음으로 기어 올라가는 원숭이 모습은 나로서는 정말 놀라운 것이었다. 무성영화였는데도 다다다 발자국소리가 나는 듯이 쏜살같이 순식간에 높은 나무를 타고 올라가는 것이 그때까지 한 번도 그런 광경을 본적이 없었던 나에게는 참으로 신기한 일이었다. 정말 세상에는 희한한 것도 다 있네.

45

어린 시절 내가 가장 무서워한 것은 호랑이도 귀신도 아니었다. 그것은 다름 아닌 제트기 소리였다. 제트기가 굉음을 내며 하늘 낮게 떠서 지나갈 때면 귀청이 찢어지는 것 같은 그 소리에 놀라 나는 울면서 방안으로 뛰어 들어가곤 했다. 그 후에 안강으로 이사를 와서 초등학교에 다닐 때에도 나는 화약놀이나 풍선을 크게 불지 못했다. 장난감으로 파는 화약을 돌 위에 놓고 그 위에 다시 얇은 돌을 얹어 돌로 치면 팡하는 소리와 함께 화약 냄새가 코끝을 스치고 지나갔다. 나는 그 터지는 소리를 듣는 것이 겁이 났다. 그래서 동무들이 그런 놀이를 할 때면, 겁쟁이소리를 들을지라도, 돌로 내리치는 순간에 나는 손으로 귀를 막곤 했다. 또 풍선을 크게 불면 그것이 펑하는 소리와 함께 터지는 경우가 있는데, 나는 그때 소리가 무서워 풍선을 조금 불다가는 그치곤 했다. 그러나 제트기가 아닌 헬리콥터<우리는 그때 그것을 흔히 잠자리비행기라 불렀다>는 그것이 머리 위 하늘을 지나갈 때에는 그것이 보이지 않을 때까지 하늘을 아득히 올려다보곤 했다. 어떤 경우에는 헬리콥터에 타고 있는 사람이 보일 때도 있었다. 저 비행기는 저렇게 하늘을 날아서 어디로 가는 것일까?

46

여름도 이제 끝 무렵, 매미소리가 점점 가늘어가고 감이 차츰 더 굵어질 때, 무덥고 습기 가득하던 날씨는 우리도 모르는 사이에 조석으로 선선한 바람이 불고, 한낮의 햇볕은 여전히 뜨거워도 바삭한 기운이 감도는 가을을 준비하는 계절이 돌아왔다. 그때쯤이면 마당둘레를 잠자리가 빙빙 날아다녔다. 그 잠자리의 날렵한 모습. 날다가 지치면 허락도 없이 자기 마음대로 바지랑대 끝이나 마른 울타리 맨 위에 투명한 두 날개를 가볍게도 펼치며 사뿐히 내려앉아 움찍도 않고, 눈만 말똥말똥 뜬 채로 가끔씩 고개를 까딱까딱 돌리면서 편안히 쉬고 있는 것이다. 그렇게 쉬고 있거나 떼 지어 마당을 나는 잠자리를 보면 왜 또 그리 그것이 잡고 싶었는지. 그때 대나무 빗자루를 들고 마당으로 나서는 것은 어쩌면 정해진 수순인지도 모른다. 잠자리 뒤를 부지런히 쫓아다니면서 빗자루를 휘두르나 잽싸게 달아나며 마음먹은 대로 쉽게 잡혀주지 않는 것이 또한 그 놈의 습성이다. 그래도 계속 빗자루를 휘두르다보면 운 나쁘게 걸려드는 놈이 있는 것을 보면 모름지기 무슨 일을 하려는 사람은 우선 팔을 걷어붙이고 그 일을 직접 해보는 것이 순서라는 것을 가르쳐주려는 것인가. 그렇게 애써서 잡은 잠자리. 공들여 잡았으니 날개도 만져보고 색깔도 관찰하고 희한하게 생긴 눈도 쓰다듬어 보면서, 잠자리에게는 미안하지만 함께 재미있게 노는 것이다. 어떻게 한번 키워볼까. 잠자리집도 만들었으나 키우는 것은 역시 역부족, 결국은 상처 입은 잠자리이지만 그대로 날려 보내주는 것이다. 저것이 그래도 살아남을 수 있을까. 한편으로는 걱정을 하면서도 그것이 죽을 때까지 보고 있는 것보다 그대로 날려 보내는 것이 어느 모로 보나 내 마음이 편하다 싶어 그렇게 하는 것이다. 그렇게 하면서 정신없이 놀다보면 그 많던 잠자리 떼도 어느새 사라지고 무서리는 내리고 무, 배추가 푸른빛을 더해가는 계절, 본격적인 가을이 우리 곁으로 성큼 다가오는 것이다.

47

어릴 적 나는 형님과 누나 책을 곧잘 읽을 수 있었다. 내가 특히 흥미롭게 본 것은 음악책과 자연책이었다. 형님이나 누나가 노래 부르는 것을 보고는 나는 그 노래를 이내 따라 부를 수 있었다. “리리리자로 끝나는 말은……”, “아침바다 갈매기는 금빛을 싣고 고기잡이배들은 희망을 싣고……”, “저 건너 푸른 봉에 구름 헤치고 태양이 밝아온다…… 어쩌고저쩌고……”, 등등. 지금도 기억하고 있는 이 노래들은 내가 그때 배운 노래들이다. 그런데 한 가지, “리리리자로 끝나는 말은……” 노래의 끝부

분이 "유리 항아리"였는데 유리가 문제였다. 노래를 부를 때에는 유우리라고 길게 소리 내게 되어 있는데, 그 유우리가 무엇을 뜻하는지 도무지 알 수 없었다. 다른 단어는 다 이해할 수 있었는데 오직 유~리만은 예외였다. 지금 생각하면 그것은 아마도 유리, 즉 glass가 아닐까 추측된다. 또 자연책에 나오는 삼엽충, 공룡 등의 그림이 나의 흥미를 끌었고, 날개 달린 말에 별이 그려져 있는 페가수스 별자리는 나의 호기심을 자극했다. 이윽고 형님은 기북초등학교를 졸업하고 기북고등공민학교에 입학했다. 초등학교와 가장 다른 것은 영어를 배운다는 것이었다. 아라비안나이트에 나오는 알리바바와 40인의 도적 이야기가 영어책에 실려 있었는데 형님은 그것을 '너희들은 이런 거 모르지'라는 듯 자랑스럽게 우리들에게 설명해 주는 것이었다. 또 바다라는 노래가 실려 있는 음악책에 그려진 갈매기를 보면서, "갈매기는 참 그리기 쉬워. 숫자 3을 뒤엎어 그리면 바로 갈매기가 되잖아."라고 누나는 말했다. 그리고는 직접 시범을 보여주는 것이다. 그것을 본 나는 동무들이 우리 집에 놀러오면 누나에게 배운 대로 동무들에게, "갈매기는 그리기 정말 쉬워. 3자를 엎어 쓰면 갈매기가 되거든……." 그렇게 말하면서 3자를 엎어 쓰고는 그것이 갈매기가 나는 모습과 엇비슷함을 실제로 보여주는 것이었다. 지금 생각하면 그때는 참 즐거운 시절이었다.

48

우리 마을 북동쪽 갱빈 너머에 복골과 거산이라는 동네가 있었다. 나는 형님과 형님 친구들을 따라 딱 한번 그 마을에 가본 적이 있다. 복골에는 방앗간이 있었고, 거산에 갔을 때는 거랑에 물이 흐르고 감나무 잎이 푸르렀다. 복골 거산, 요새 고향에 가보면 내가 살던 동네와 거기와는 지척의 거리인데도 그때는 어찌 그리 그곳이 멀게 보였던지. 어린 나에게는 그 마을들이 아득히 먼 곳으로 느껴졌었다.

49

해마다 이른 봄이면 아버님께서 산에 가서 나무를 베어다가 밭 울타리를 새로 만드셨다. 나무를 적당한 크기로 아래 위를 가지런하게 잘라 밭 경계선에 땅을 파고 그 나무를 묻고 새끼줄로 얼기설기 엮어놓으면 울타리는 완성되었다. 봄이 한창 때가 되어 온천지가 푸르름으로 수놓을 때가 되면 그 울타리 나무들은 뿌리가 없는데도 더러 파랗게 잎이 돋아났다. 그리고 계절이 점점 더 무르익고 시간이 지나면 햇살은 따가워지고, 그에 따라 나뭇잎은 말라죽는 것이었다. 나는 그것이 못내 안타까웠다. 저 나뭇잎이 살아서 뿌리가 내리면 울창한 산울타리가 되어서 멋있고 보기도 좋을 텐데…… 나는 새로 나뭇잎이 돋은 나무를 어떻게 살릴 수 있는 방법이 없을까 여러 가지로 궁리해보았다. 물을 주면 죽지 않고 뿌리를 내릴까. 손바닥으로 도랑물을 떠서 물도 줘 보았다. 그러나 나무는 끝내 죽었다. 다른 집 밭 울타리도 마찬가지로 잎이 돋아났다. 그리고 끝내는 잎이 말라죽고 해마다 새로이 울타리를 만들곤 했다. 내 생각으로는 참 아깝고 안타까운 일이었다. 저 나무들이 뿌리를 내리고 살 수만 있다면 얼마나 좋을까. 튼튼한 산울타리가 만들어지면 해마다 새로 울타리를 만들어야 하는 수고를 하지 않아도 될 텐데. 나는 봄마다 울타리를 보면서 그런 생각을 하곤 했었다.

50

겨울에 손을 호호 불며 하는 놀이가 하나 있었으니 그것은 연날리기였다. 나는 연을 날리고 싶어 형님께 연을 만들어달라고 졸랐다. 그러나 형님은 좀처럼 만들려하지 않았다. 조르고 졸라야 겨우 연을 만들어주었다. 형님은 마음만 먹었다 하면 대나무 가지와 한지로 쓱싹쓱싹 연을 잘도 만들었다. 멋있는 방패연은 한 번도 날려보지 못했다. 항상 만들어주는 것이 꼬리연이었다. 연이 다 만들어지면 얼레의 실을 연에 연결하여 신나게 바깥으로 나갔다. 연을 날리다보면 한번 하늘 높이 날려보지도 못하고 바로 앙상한 나뭇가지에 걸리는 경우도 있었다. 특히 연이 대추나무에 걸리면 그것은 일찌감치 포기하는 수밖에 없었다. 그러면 또 불고염치하고 형님께 다시 연을 만들어달라고 졸랐다. 연날리기는 주로 훤하게 넓은 갱빈에서 이루어졌다. 겨울바람을 타고 하늘 저 높이 연이 날아오르면 내 마음도 덩달아 하늘 까마득히 올라갔다. 바람을 피해 따뜻한 양지쪽에 앉아서 높이 떠있는 연을 바라보면서 나는 그 무엇에인가 아련한 그리움으로 남모르게 가슴이 설레었다. 내가 저 연이라면 저기서는 무엇이 보일까. 그리고 그때는 연실의 질이 좋지 않아서 가끔은 높이 날던

연이 실이 끊어져 하늘 저 멀리 훨훨 날아가 버릴 때도 있었다. 어떤 때는 큰애들이 내 곁에 와서는 강제로 연싸움을 걸기도 했다. 나는 싸움을 하기 싫은데 그들은 짓궂게 내게 자기 연실을 휘감아서 연을 날려버리기도 했다. 그런 연날리기도 음력 이월 초하룻날에는 끝이 났다. 이월 초하룻날에는 바야흐로 봄을 맞으면서 한해의 풍년을 기원하며 모두 연을 하늘 높이 날려 보내버리는 것이다. 그리하면 또 그해의 봄은 어김없이 우리 곁으로 찾아왔다.

51

겨울은 춥고도 길었다. 겨울의 끝자락이 아직 산과 들에 드리워져 있을 무렵, 그래도 해는 길어지고 보이는 모든 것이 환하게 밝아졌다. 봄이 오는 것이다. 초가집 문풍지 틈으로 불어오는 소소리바람이 차가울 때, 누나와 나는 큰골 산에 가서 아직 피지 않은 진달래를 꺾어서 집으로 가져왔다. 집안 이리저리 뒤져 병을 찾아 물을 채우고 꺾어온 진달래를 병에 꽂아두었다. 방안에 외풍이 심할지라도 바깥보다 방안이 따스하기에, 산의 진달래보다는 병에 꽂아둔 꽃이 훨씬 일찍 피었다. 얼마나 기다렸던 봄이었던가. 진달래 가녀린 꽃잎이 벌어질 무렵, 봄은 더욱더 우리 곁에 가까워지고, 어느새 곳곳에 새싹이 돋아나고 온갖 꽃들이 꽃잎을 터뜨리며 생명의 찬가를 온천지에 울리는 것이었다.

52

그때는 모두들 가난한 시절이었다. 금비가 부족하였던 그 시절에는 풀을 베어 녹비를 만들거나 인분, 소똥, 닭똥 등을 그대로 거름으로 이용했다. 물자가 귀한 시절, 할 일 없는 할아버지들은 등에 망태기를 메고 소똥을 주우러 집을 나서곤 했다. 그래서 길에서 소똥을 발견하면, 넝마 줍듯이 소똥을 주워 등에 진 망태기에 넣어 담았다. 그 모은 소똥은 보리밭에 뿌렸다. 그러면 보리가 무럭무럭 자라는 것이다. 소똥과 보리밭. 내가 안강으로 이사를 왔을 때 안강들의 넓음에 경탄했다. 그 넓은 들이 초봄이면 보리 싹으로 온 들판이 푸르렀다. 그런데 군데군데 보리가 유난히 더 푸른 데가 있었다. 거기에 가보면 틀림없이 소똥을 뿌려놓은 곳이었다. 그만큼 보리에는 소똥이 좋은 거름인 모양이다.

53

어느 해 가을엔가 어머니께서 메밀을 수확하여 오셨다. 사연은 이러했다. 여름에 갱빈을 띠져서<개간하여> 조그만 밭을 만드셨다고 하셨다. 거기에 마땅히 심을 것이 없어서 큰 기대를 하지 않고 메밀을 심어놓으셨단다. 심어 놓고 가보지도 않고 무심히 여름을 보냈는데 가을에 생각이 나서 가보니까 메밀이 풍년이 들어 있었다고 하셨다. 그래서 그 메밀을 수확하여 온 것이었다. 그 척박한 땅 갱빈에서도 잘 자라는 메밀, 그것을 그때는 구황작물로 흔히 심는 것이었다. 농사가 흉년이면 당장 먹을 것을 걱정했던 그 시절, 그래도 우리는 그 해 부지런한 어머니 덕분에 맛있는 메밀묵을 맛볼 수 있었다.

54

우리 집 텃밭에는 내가 생각하기에는 없는 것이 없었다. 그곳은 나의 놀이터요, 갖가지 반찬을 제공해주는 터전이었다. 봄에는 나비를 잡고, 여름에는 채소를 따고, 가을에는 무, 배추가 유난히 파랗게 자랐다. 겨울에는 꽁꽁

언 땅에 바람이 휑하니 불어 아무 것도 남은 것이 없는 듯 황량했다. 그러나 다음해 봄이 되면 또 새로운 작물이 자라고 있었다. 여름에서 가을에 걸쳐서는 밭 언저리 울타리에 아무렇게나 기어 올라간 자주색 나팔꽃 덩굴들이 얽히고설켜서 자라, 산뜻한 초가을 날 아침, 일찍 일어나 거기에 가보면 무수히 어우러져 핀 꽃들이 서로 자기를 보아달라는 듯 환하게 웃으며 나를 맞이하고 있었다. 가을이다. 가을에 서리가 세 번 내리면 생무도 먹을 수 있었다. 해마다 가을이 되어 무가 굵어지면 나는 어머니께 묻곤 했다. “엄마, 무 먹어도 되나?” 어머니는 “아직 안 돼. 지금 먹으면 채독 걸려. 아직 멀었어.” 가을이 깊어가고 된서리가 세 번 내려야 겨우 그 맛있는 생무를 먹을 수 있었다. 그리고 배추는 김장을 담가서 겨울 내내 맛있는 반찬으로 즐거운 밥상을 만들어 주었다. 어느 더운 여름날, 나는 어머니 뒤를 따라 텃밭에 간 일이 있었다. 밭의 남쪽 귀퉁이, 텃밭의 울타리가 한길과 면하고 있는 그곳에 고추를 심어놓았다. 어머니는 점심반찬 하려고 풋고추를 따러갔다. 나는 어머니 뒤를 졸졸 따라 다니면서, ‘이것은 내가 먹을 것’ 하면서 아직 굵어지지도 않은 조그마한 고추를 내손으로 땄다. 굵은 고추는 매워서 나는 먹지 못하니까 비린내 나는 작은 고추를 내 손수 따는 것이다.

내가 먹을 것 내가 따서 먹는 것, 그것도 색다른 즐거움이었고 또한 하나의 배움의 과정이었다. 이상하게 여름 어느 날의 이 기억이 내 뇌리에 선명하게 남아있는 것은 왜일까.

55

나의 아버님은 술을 좋아하셨다. 그래서 밤에 늦게 집에 들어오는 일이 많았다. 특히 겨울에는 더 그랬다. 밤이 이슥해지고 아버님이 올 때쯤이면 나는 괜히 아버님이 기다려졌다. '혹시 과자를 사오지 않을까. 오늘도 옛날이야기를 해 달래야지.' 그렇게 생각하며 기대에 찬 마음으로 아버님을 기다렸다. 이윽고 술을 한잔 걸치고 인기척을 내며 아버님이 오셨다. 나는 아버님이 방안 자리에 앉자마자 아버님께 말했다. "아부지요, 옛날이야기 해주소." 그러면 아버님은 어떤 때는 과자도 사오셨다. 사 오신 과자를 내놓으며 들려주는 옛날이야기, 그것은 레퍼토리 고정, 어느 날이나 똑같은 이야기였다. 나는 그 이야기를 하도 여러 번 들어서 지금도 기억하고 있다. 그 이야기의 줄거리는 대충 이러했다.

옛날 옛날에 어느 마을에 어수룩한 한 소년이 살았단다. 하루는 날이 무딘 깔딱낫을 가지고 범을 잡으러 간다고 집을 나섰단다. 사람들은 그 소년을 보고 웃었단다. 소년은 혼자서 깊은 산속으로 들어갔단다. 때마침 그곳에는 임금 범이 많은 신하 범을 모아놓고 생일잔치를 벌이고 있었단다. 소년은 그 광경을 보자 너무나 무서워 나무 위로 올라갔단다. 나무 위에서 한참 있다가 스르르 잠이 들었단다. 그 바람에 붙잡고 있던 나무둥치를 놓아버려 소년은 그만 땅에 퉁하고 떨어지고 말았단다. 신하 범들이 제각기 말하기를 “오늘은 우리 임금님 생일날, 하늘에서 축하선물을 내려주셨나 보다.” 그랬단다. 졸개 범들은 그 소년을 들고 임금 범 앞에 갔단다. “임금님, 임금님의 생일을 축하하려고 하늘에서 이 선물을 보냈습니다.”라고 말하며 소년을 임금 범에게 바쳤단다. 임금 범은 신하 범들의 말에 크게 기뻐하며 소년을 씹지도 않고 널름 삼켜버렸단다. 소년은 순식간에 범의 배속으로 빨려 들어갔단다. 한참 후에 소년이 정신을 차리고 살펴보니 배속은 동굴처럼 컴컴하고 넓었고, 사람을 하도 많이 잡아먹어 거기에는 온갖 물건으로 가득 차 있었단다. 칼, 숟가락, 호미, 도끼, 괭이…… 가지가지 연장이 주렁주렁 매달려 있었단다. 소년은 한참 있으니 배가 슬슬 고팠단다. 그래서 거기 있는 칼로 범의 간을 조금 베어 먹었단다. 또 조금 있다가 염통도 조금 잘라먹고, 허파도 잘라 먹고 했단다. 그러자 임금 범은 아파 날뛰면서, "이놈들이 나를 속였구나! 하늘에서 선물이, 무슨 선물!" 하면서 부하 범들을 모조리 물어 죽여 버렸단다. 그리고 마침내 임금 범도 쓰러져 죽어버렸단다. 바깥이 잠잠해지자 소년은 칼로 범의 배를 가르고 밖으로 나왔단다. 그리고 살펴보니 사방에 죽은 범들이 수두룩이 널려 있었단다. 소년은 그 죽은 범을 주워 모아 마을로 내려왔단다. 사람들은 그 모습을 보고 매우 놀랐단다.

대체로 이런 식이었다. 나는 또 다른 이야기를 기대하며, 아버님께 이야기 하나 더 해달라고 졸랐으나, 그만 자야지, 아버님께는 더 이상의 레퍼토리는 없으신 것 같았다. 그러나 나는 다음에도 그 다음에도 아버님께서 늦게 돌아오시면, "아부지요, 옛날이야기 해주소."하면서 졸라댔다. 그러면 또 그 이야기를 하는 것이었다. 그래도 나는 그 이야기가 재미있었다. 이런 모습의 아버님. 나는 그때는 아버님은 당연히 그러하며, 아버님 하는 일은 다 옳으며, 아버님은 언제까지나 나를 보호해주시리라 믿었다.

56

요새는 가족들이 모두 함께 식탁에 둘러앉아 식사를 하는 것이 보통이지만 그때는 아버님 밥상은 따로 차렸다. 아버님을 제외한 다른 식구들은 둥그런 밥상에 빙 둘러앉아 식사를 하였지만 아버님은 따로 네모난 조그만 개다리 소반에 음식을 차렸다. 나는 그때 아버님 밥상에 가서 아버님과 같이 밥을 먹을 수 있는 특권(?)이 있었다. 아버님 밥상에는 그래도 다른 식구들의 밥상에는 없는 계란찜이나 생선구이 같은 특식이 가끔씩 올라왔다. 나는 매운 것을 잘 먹지 못해서 아버님께서 배추김치 흰 줄거지 부분을 이로 잘라 그것을 물에 씻어 내 밥그릇에 얹어 주셨다. 나는 숟가락으로 밥을 떠서 그 깨끗이 씻은 김치쪼가리를 밥에 얹어서 먹는 것이다. 옛날에야 고기가 있는 것도 아니고 이것저것 다양하게 차린 푸짐한 밥상은 아니었지만 그래도 몇 가지 반찬만으로도 맛있게 밥을 먹었다. 평소에는 그러했지만 제상에 그득히 음식을 차리고 차례를 지낸 다음 그렇게 차린 진미를 마음껏 즐길 수 있는 때는 명절이나 제삿날이었다. 제사는 큰집에서 지냈는데 큰방에 제상을 차려놓고는 죽담 밑 마당에 멍석을 펼치고서 거기에 연장자 순서대로 쭉 줄을 서서는 절을 하는 것이다. 형님도 맨 끝자리에 서서 제법 의젓하게 어른들과 같이 제사를 지냈다. 나는 그 뒤쪽 조금 떨어진 곳에서 형님의 제사지내는 모습을 바라보곤 했다. 어른들 틈에 끼어 당당히 한자리를 차지하고 제사를 지내고 있는 형님, 그 때는 형님이 참 대단해 보였다.

57

먹는 것 이야기 한 김에 하나 더 생각나는 것이 있다. 어느 해 가을엔가 아버님께서 어디서 채취하셨는지 싸리버섯을 집으로 가지고 오셨다. 그것으로 찌개를 끓여서 먹었는데, 나는 그때 그 맛있게 먹었던 싸리버섯찌개의 맛을 잊을 수 없다. 나의 경험에 비추어 볼 때 먹는 것만큼은 어릴 때 어떤 것을 어떻게 먹었느냐에 따라서 앞으로 그의 식생활패턴이 결정되는 것이 아닌가 한다. 나는 언젠가 며칠간 혼자 일본을 여행한 적이 있다. 그런데 단 며칠인데도 가장 생각나는 것이 우리의 음식이었다. 그만큼 먹는 것은 그 사람이 어릴 때부터 어떤 것을 먹었느냐에 따라 커서도 큰 영향을 미치는 것이 아닌가 한다. 그러므로 먹는 것은 어릴 적부터 아무거나 잘 먹도록 교육을 시켜야 한다고 생각한다. 우리가 앞으로 지구촌에 살면서 세계시민으로서 활동하려면 어디에 가서 어떤 음식이든 그 지방 토속음식을 먹을 수 있어야 할 것이다. 좋은 여행가의 덕목 중 중요한 것이 무엇이든 잘 먹어야 한다는 말이 있다. 나는 그 말이 옳다고 생각한다. 그것이 어떤 음식이든 그 지방 음식을 먹고 기운을 차릴 수 있어야 훌륭한 여행가가 될 수 있을 것이다. 우리네 삶도 또한 하나의 여행이리니, 살면서 산전수전 다 겪으면서 한번 재미있게 살아볼 일이다.

58

우리 동네에서 새터 가는 길에 솔밭이 있었다. 동구 밖을 나가 거랑을 건너고 갱빈을 지나면 왼쪽에 고등공민학교가 있고 오른쪽에는 소나무가 숲을 이루고 있었다. 그런데 거기에 귀신이 나타난다는 것이다. 누나가 그러는데 누나 동무들 중에는 직접 귀신을 본 사람도 있다고 한다. 요상하게 생긴 것이 성질은 사나워서 거기에 잡히면 온갖 못된 짓을 다 당한다고 한다. 정말 그런 귀신이 있을까. 반신반의하면서 그래도 있을 수 있지 않을까 나는 생각했다. 어떻게 생겼을까 궁금하기도 했고 무섭기도 했다. 그래서 귀신한테 잡혀서 해코지나 당하지 않을까 걱정이 되어 새터에 혼자 가는 일은 좀처럼 없었다. 그 혼자 가는 것도 큰 용기가 필요했다.

59

언젠가 우리 집에 안강에 사시는 큰외삼촌께서 오셨다. 어머니께서 반기셨던 것은 물론이다. 그런데 그때 외삼촌께서 기이한 물건을 하나 가져오셨다. 그것은 다름 아닌 조그마한 라디오였다. 나는 그때 라디오를 처음 보았다. 희한하게도 그 기계 어디에선가 가느다랗게 사람소리가 흘러나왔다. 사람이 거기에 들어가 있을 턱도 없는데 말이다. 형님은 그것을 가지고 계속 이리 틀었다 저리 틀었다 했다. 그런데 그러다가 라디오에서 더 이상 사람소리가 들리지 않았다. 그 속에 들어가 있었던 사람이 죽었을 그런 일은 상상할 수도 없고, 고장이 난 것인가 걱정이 되었다. 그래도 외삼촌께서는 꾸중을 하지 않으시고 그 라디오를 가지고 안강으로 돌아가셨다. 나중에 들은 이야기로는 라디오가 고장이 난 것이 아니라 하도 틀어서 건

전지가 다 소모되어 소리가 나지 않았던 것이었다고 한다. 라디오 하나 가지고 그토록 신기하게 여겼던 시절, 나는 지금 컴퓨터 앞에 앉아서 글을 쓴다. 아닌 게 아니라 세상 참으로 많이 변했다.

60

봄이면 형님과 누나는 꽃밭을 만들었다. 우리 집은 대문도 없었다. 집을 들어서면 왼쪽에 키 큰 미루나무 한 그루, 오른쪽에는 야트막한 담장이 있고 그 너머에는 두엄더미가 있었다. 그 담장 밑에 형님과 누나는 힘을 모아 꽃을 심었다. 비 온 다음 땅이 축축이 젖어있을 때 호미로 땅을 고르고 어디서 났는지 꽃모종을 가지고 와서, 정성스럽게 그것을 심었다. 닭의벼슬<맨드라미>, 백일홍, 봉선화…… 나는 같이 거들고 싶었으나 가만히 보고만 있었다. 모두 다 심은 후에는 물을 주었다. 그러면 하루 이틀 그 꽃모종이 자랐다. 마침내 여름이 되면 그 작던 꽃모종들이 모두 자라 탐스럽고 아름다운 꽃을 피웠다. 모종이 하루하루 커가는 모습, 마침내 꽃이 피는 모습을 유심히 관찰하는 것도 하나의 남모를 즐거움이었다.

61

봄은 또 병아리 까는 계절. 아직 바람은 찬기가 있으나, 햇살이 환하게 밝은 초봄, 어미닭은 어머니께서 닭 보금자리에 놓아둔 여러 개의 달걀을 품었다. 닭은 좀처럼 둥지를 떠나지 않고 가끔씩 달걀을 이리저리 뒤적이면서 정성스럽게 그것을 품었다. 그렇게 품은 지 21일이 지날 즈음, 한 마리씩 삐약삐약 소리를 내며 알을 깨고 병아리가 세상에 나왔다. 한배 병아리는 보통 13~15마리. 노란 병아리들이 모두 둥지를 떠나 마당을 떼 지어 다니는 모습을 보는 것, 그것은 드디어 우리들 곁에 봄이 왔음을 만천하에 알리는 기쁨과 감탄의 신호탄이었다. 구구 하고 어미닭을 불러 모이를 주면 어미닭은 모이를 쪼며 병아리가 먼저 먹기를 재촉했다. 병아리는 그것이 당연한 듯 먹이를 쪼아 먹었다. 그리고 무언가 위험하다 싶으면 어미닭의 신호에 따라 모두들 쪼르르 어미닭의 품속으로 숨어들었다. 그 중에서 엉뚱한 짓을 하다가 늦게 어미 품으로 들어가는 놈도 있었다. 그 갓 태어난 병아리는 모두들 약했다. 더러는 죽는 것도 있었다. 어떤 것이든 죽는다는 것은 슬픈 일이다. 특히 병아리가 죽는 것을 보는 것, 그것은 가여운 동시에 안타까운 일이었다. 어떻게 살려낼 수 없을까. 그러나 죽는 것은 죽는 것, 아무리 마음속으로 살게 하고 싶어도 끝내 어떤 놈은 죽어 나의 마음을 아프게 했다. 그렇게 약한 병아리는 또 매의 먹잇감이 되기도 했다. 그때는 매가 더러 있었다. 매가 사냥감을 노리며 하늘 높이 한곳에 정지해서 떠있는 모습을 그때 우리는 심심찮게 볼 수 있었다. 매가 병아리를 채가는 모습, 그것은 순간의 일로 두려울 정도로 놀라운 것이었다. 우리가 각기 평소대로 하는 일을 하고 있을 때, 어디서 왔는지 매 한 마리가 휙 날면서 잽싸게 병아리 한 마리를 낚아채 가버리는 것이다. 하도 순식간에 일어나는 일이라 사람이나 어미닭이나 어느 것 할 것 없이 놀랄 틈도 없었다. 이 광경은 바로 이 세상에 또 하나의 생명이 사라지는 슬픈 일인 동시에, 그 또한 엄연한 자연의 순리인 것이기도 했다. 이래저래 나약한 병아리, 나는 요즈음 어린아이들이 학교 앞에서 병아리를 사들고 가는 모습을 보면 어쩐지 근심스러운 생각이 든다. 학생들이 과연 그 병아리를 잘 키울 수 있을까. 혹시나 병아리를 하찮은 노리갯감으로 여겨 함부로 다루지나 않을까 적이 걱정이 되는 것이다. 어떠한 생명이든지 생명의 소중함, 그것은 아무리 강조해도 지나치지 않을 것이다.

62

벼가 한창 자라는 초여름에는 또 하나의 장관을 볼 수가 있었다. 그것은 땅골 가는 길에 땅골거랑 공중에 높이 달린 통나무로 만든 도랑이었다. 커다란 통나무에 깊고 넓게 홈을 파서 거랑의 이쪽과 저쪽에 걸쳐서 물이 흐르게 한 것이다. 시멘트나 철근을 볼 수 없었던 그때는 통나무로 이렇게 도랑을 만들어 물이 흐르게 한 것이다. 거랑에서 위를 쳐다보면 물이 처렁처렁 넘쳐서 저 아래 거랑으로 흐트러지며 떨어졌다. 저기에도 고기가 살 수 있을까. 위쪽으로 가보면 거랑 위를 가로질러서 이쪽 도랑과 저쪽 도랑을 연결한 통나무 도랑에는 물이 촬촬 골을 지으면서 숨 가쁘게 흘렀다. 더러는 물이 넘쳐흘러도 나머지 물은 흘러 흘러서 이 논 저 논에 물을 대주어 푸른 벼를 더욱더 시퍼렇게 자라게 해주었다.

63

땅골에는 우리네 밭이 있었다. 그리고 그 밭 언저리에 할머니의 묘지가 있었다. 그곳도 나의 주요한 놀이터의 하나였다. 봄이면 나는 누나와 같이 그곳 산으로 진달래꽃을 꺾으러 갔다. 그런데 누나 말로는 그 산의 진달래꽃은 사람이 먹지를 못한다는 것이다. 옛날부터 그런 말이 전해져 내려온다는 것이다. 그곳에서 야트막한 산등성이를 넘으면 큰골이었다. 누나와 내가 멀리 떨어져 안보이면 나는 갑자기 산에 혼자 있다는 무서운 마음이 들어 누나를 불렀다. 그러면 "왜, 나 여기 있다." 누나의 대답이 메아리와 함께 멀리서 들려왔다. 우리는 땅골 큰골을 넘나들면서 따사로이 봄이 오는 봄산의 진달래꽃을 한 아름씩 꺾어 의기양양하게 흐뭇한 마음으로 산을 내려오곤 하였다. 여름 농사철이면 나는 아버님, 어머니를 따라 그 밭에 갔다. 아버님, 어머니께서 일하는 사이 나는 산자락에서 산딸기덤불, 찔레덤불을 뒤적이며 내 나름대로 놀기에 바빴다. 그때 누나가 왔다. 집에서 가지고 온 밥과 반찬으로 밭둔덕에 앉아 점심을 먹었다. 젓가락은 근처에서 잘라온 싸리나무 가지로 만든 것이었다. 맛있는 점심이 끝난 후 아버님은 누나에게 물을 떠오라고 하셨다. 거랑 위둑에는 밤나무, 상수리나무가 몇 그루 자라, 한여름 낮잠을 즐길 수 있을 만한 시원한 그늘을 만들어주고 있었다. 누나는 그 아래 땅골거랑으로 내려가 샘을 파서 물을 떠왔다. 여름의 뜨거운 날, 차가운 생수 한 그릇은 다시 우리들에게 활기차게 움직일 수 있는 새 힘을 선사해주었다. 그 밭에 주로 심는 것은 조, 콩, 팥 등, 이것은 겨울동안 우리 집의 중요한 양식이 되어주었다. 그렇던 밭도 이제는 모두 논으로 개간되어 옛날의 모습은 흔적도 없이 사라지게 되었다. 할머니의 산소도 다른 데로 이장하여 지금 그곳에는 없다.

64

안강에 이사 오는 그해였을 것이다. 형님이 안강에 갔다 오는 길에 고구마 싹을 가져오셨다. 그리고 그것을 어머니께서 텃밭에 심으셨다. 고구마 싹도, 그 심는 것도 나로서는 처음 보는 낯선 것이었다. 고구마는 여름 내내 자라 가을에 수확을 하게 되었다. 토질이 맞지 않았는지 고구마는 작고 가늘었다. 그것들을 잘 씻어서 삶아서 먹었는데 나는 그 단맛에 감탄했다. 그전까지 떨떠름한 자주색감자만 먹었던 내가 그때 먹어본 고구마의 달콤한 그 맛은 내 생전 처음 맛보는 일미였다. '이런 것도 있네.'싶을 정도로 맛이 좋았다. 요새는 제철이면 흔한 고구마, 그러나 나는 그때 고구마를 처음 맛보았다.

65

이 산 저 산을 붉게 물들였던 진달래는 우리도 모르게 지고 봄은 점점 더 무르익었다. 산에 나무는 점차 푸르고, 풀들도 자라 제법 대지를 푸른빛으로 물들여 갔다. 그때쯤이면 으레 어머니께서는 큰골 산으로 나물을 하러 가셨다. 초배기에 보리밥 조밥으로 점심을 싸고, 큰 보자기를 가지고 나물하러 산에 가는 것이었다. 산골의 해는 빨리 지는 법, 해는 서산으로 넘어가고 어둠이 밀려올 무렵, 어머니께서는 낮에 뜯으신 나물을 보자기 한가득 머리에 이고 산을 내려오는 것이다. 누나와 나는 그때쯤이면 눈이 빠지게 어머니 오시기를 기다렸다. 어머니를 바래러 집을 나서 어디까지 가곤 하기도 했다. 드디어 머리에 나물보따리를 인 어머니께서 오셨다. 방에 들어와 뜯어온 나물보따리를 풀면, 아, 온갖 나물들이 방안 가득 그 특유의 향기를 내며 풍성하게 모습을 드러내었다. 주로 값나가는 고사리였지만, 그밖에도 취나물, 참나물, 삿갓나물, 미역취, 활나물, 뚜깔…… 마치 식물전시장 같았다. 그중에 잎이 반들반들한 참나물은 날것으로도 먹을 수 있어서 쌈을 싸서 먹기도 했다. 그러나 정작 우리가 기다리던 다른 것이 있었다. 다름 아닌 송기였는데 그것은 말하자면 물이 오른 소나무 튼실한 가지였다. 그 겉껍질을 벗기면 하야므리한 속껍질이 나오는데 그것을 이로 발가먹는 것이다. 물기가 있는 달짝지근한 송기를 이로 벗겨먹는 맛, 그것도 별맛이었다. 그때는 먹을 수 있는 것은 다 먹었다. 그러나 그것은 꼭 배가 고파서 먹는 것만은 아니었다. 그러한 것을 통해서 우리는 자연을, 자연의 풍성함과 고마움을 배우는 것이기도 했다.

66

그때는 벌통을 가지고 있는 집이 혹간 있었다. 본격적인 양봉은 아니고 여가로 집에 벌통 한두 개를 놓아두어 꿀벌을 치는 것이다. 우리 집 앞집에도 벌통이 있었는데 통나무의 속을 드러내고 거기에 벌집을 넣고 위에 뚜껑을 덮고 황토로 틈새를 발랐다. 그리고 그 위에 짚을 덮고 돌을 얹었다. 그 아래에는 가느다랗고 네모난 구멍이 있었는데 부지런한 꿀벌이 이곳저곳 돌아다니며 꿀을 따서 거기로 바쁘게 드나들곤 하였다. 자기들이 모은 꿀을 장차 사람들이 가져갈 것이라는 사실을 아는지 모르는지 벌은 그저 자기들 하는 일, 즉 꿀 모으는 일에만 열중하는 것이다. 그런 것은 그런 것이고 정작 볼만한 것은 분봉할 때였다. 여름날 나무가 푸를 때 벌들이 갑자기 하늘을 덮었다. 벌떼들이 새카맣게 무리를 지어 하늘 이리저리 비상을 하는 것이다. 그렇게 하늘을 오르내리던 벌은 한참 후에 우리 집 동쪽 울타리 재나무 높은 가지 위에 모여 붙어 커다란 덩어리를 이루었다. 그렇게 모여 있는 벌을 얼굴에 그물을 덮어쓴 벌 주인이 한손에는 불을 붙인 약쑥에 연기를 피우면서, 다른 손은 판대기를 쥐고 그것을 벌 가까이에 들이대었다. 그리고는 "나캉 살자. 나캉 살자."라고 말하면서 판대기에 벌이 옮겨 붙기를 기다리는 것이다. 판대기에 벌이 옮겨 붙으면 그 벌들을 새로운 벌집에 넣는 것이다. 벌이라는 놈은 웃기는 것이 가세가 기울거나 집안에 안 좋은 일이 생기랴 치면 어떻게 알았는지 모두 어디론지 도망가 버리기도 한다고 한다. 그렇게 도망간 벌들은 더러 산속 깊숙이 들어가 그들 스스로 벌집을 만들어 꿀을 따서 저장하기도 한다고 한다. 그런 벌을 발견하면 그야말로 횡재를 하는 것이다. 그 당시에 어떤 사람이 그런 야생벌을 발견했다는 소문을 나는 듣기도 했다.

67

옛날에는 '논 친다.'는 말이 있었다. 논이 절대적으로 부족하고, 밭보다 논이 귀했던 그때, 밭을 논으로 만드는 것이 그것이었다. 요새말로 한다면 논을 개간하는 것이었다. 그 일을 하는 데는 그만큼의 노력이 필요했다. 곡괭이, 괭이, 호미로 일일이 덤불을 자르고 돌을 소쿠리에 담아 들어내어 멀리에 갖다버리면서 땅을 일구었다. 한 뙈기라도 논을 넓히기 위해서라면 그만큼의 수고는 당연한 것으로 여겼다. 아버님, 어머니께서 논 치는 일을 하는 동안 나는 그것을 구경하면서 내 나름대로 놀 거리를 찾으며 근처에서 놀기도 했다. 그 논에 모를 심어 벼를 수확하는 것이다. 한여름동안 벼가 하루가 다르게 무럭무럭 자라 벼이삭이 패는 무렵 아이들은 새를 훑치러 확대를 들고 들로 나갔다. 벼이삭이 팬 논둑에 서서 확대를 휘두르며 "후여 후여"하면서 새를 훌치는 것이다. 새를 쫓는 것으로 논 가운데 허수아비를 세우는 방법도 있으나 아이들이 직접 논에 가서 새를 훌치는 것이 힘은 들지만 가장 확실한 방법이었다. 그리하여 벼는 차츰 누런빛으로 익어갔다. 가을에 벼가 누렇게 익은 들판을 보면 정말 무얼 먹지 않아도 배가 부른 것 같았다. 그리고 그때 설익은 벼를 베어다가 찐쌀을 만드는 것이다. 설컹설컹한 누런 벼를 베어가지고 집으로 가지고와서 싸리나무 가지 두 개를 가지고, 한쪽에 짚으로 비녀를 질러서 만든 호리깨로 벼이삭을 훑었다. 그 훑어서 모은 벼를 솥에 넣고 찐다. 그 찐 벼를 방앗간에 가서 찧으면 찐쌀이 되는 것이다. 그 고소한 찐쌀, 그것은 다시 이 세상에 풍성하고 넉넉한 가을이 왔다는 것을 온몸으로 체험하는 가슴 뿌듯하고 흐뭇한 일이기도 했다.

68

동무들과 나는 여러 가지 놀이를 하며 즐겁게 지내는 것이 나의 일과였다. 그중의 하나가 카드놀이였다. 그것은 요즈음은 안 보이는데 이등병부터 대장까지 계급순서대로 종이로 만든 각각 몇 장 되는 카드가 있었다. 그리고 우리가 흔히 천재라고 불렀던 카드가 또 몇 장 있었다. 그것을 세트로 한패씩 가지고 노는 것이었는데, 규칙은 이와 같은 것이었다. 즉, 뛰어다니다가 서로 몸을 터치하면 맨 앞에 내놓은 카드를 보여주는 것이다. 그러면 우선은 계급이 높은 것을 쥔 아이가 낮은 것을 쥔 아이의 그

낮은 계급의 카드를 빼앗는 것이다. 그런데 거기에는 하나의 변수가 있었다. 그것은 천재였다. 천재를 내놓는 사람은 그 천재와 다른 사람이 내놓은 카드와를 바꾸게 되어 있었다. 그러므로 운이 좋으면 대장과도 바꿀 수 있고, 그렇지 않으면 이등병과도 바꿀 수 있었다. 우리는 그때 천재는 어느 것과도 바꿀 수 있는 마술부리는 재주를 지닌 카드라는 뜻으로 알고 천재라고 불렀으나, 지금 생각해보면 그것은 그런 의미의 천재가 아니라, 그저 영어의 바꾼다, 즉 체인지(change)하는 카드라는 것을 의미하는 것인 줄 우리가 모르고 우리가 아는 방식대로 천재라고 불렀던 게 아닌가 싶다. 우리는 그때 도무지 영어는 한마디도 아는 것이 없었으니까. 아무튼 이 놀이는 고도의 심리전이 필요했다. 전번에 상대방이 어떤 카드를 냈으니까 이번에는 이것을 낼 것이라는 것을 잘 궁리하여 내놓을 카드를 정해야 하는 것이다. 전번 것뿐만 아니라 그 이전의 것도 계산에 넣기도 해야 했다. 결국 대장과 천재를 모두 따면 그 사람은 최후의 승리를 거두게 되는 것이다. 자꾸 지기만 하는 아이에게는 천재를 몇 장 덤으로 주고 놀이를 시작하기도 했다. 참 재미있는 놀이였다.

69

그리고 가위 바위 보를 할 때는 우물이라는 것을 하나 더 추가했다. 우물은 말하자면 손가락을 오므려 우묵하게 하는 것으로, 가위나 바위는 우물에 빠뜨릴 수 있으니까 우물에 지고 보자기는 우물을 덮을 수 있으니까 우물에 이기는 것이었다. 이렇게 하면 우선은 우물을 내면 유리할 것 같지만 반드시 그런 것만은 아니었다. 우물에게는 이기는 보라는 무기가 있으니까. 우리는 그렇게 나름대로의 규칙을 만들어서 승부를 겨루면서 놀았다.

70

우리 마을 들어가는 길 어귀 오른쪽에 누가 만들었는지 꽃밭을 단장해놓았다. 아마 마을 청년회에서 그렇게 해놓은 것이리라. 거기에는 맨 뒤에 해바라기를 그리고 맨 앞에는 봉선화를 심어놓았다. 봉선화 꽃이 예쁘게 피고 다시 그 씨가 익을 때, 햇볕이 밝은 날에는 동무와 둘이서 봉선화 꽃씨를 받으러 그곳에 가곤 했다. 굳이 다음해 그 꽃씨를 다시 심겠다는 마음으로 꽃씨를 받으러 간 것도 아니고, 누가 꽃씨를 받아오라고 시켜서 간 것도 아니었다. 그저 꽃밭이 좋았고, 꽃이 좋았고, 갱빈에 그리고 꽃밭에 반짝이는 밝고 맑은 햇살이 좋았다. 그리고 키 작은 봉선화 꽃씨가 영그는 모습이 보기 좋아서 그곳에 간 것이었다. 봉선화 꽃씨 꼬투리가 익어 손으로 건드리면 화들짝 놀란 듯이 씨를 터뜨리는 것, 그 모습이 또한 재미있었다. 우리는 시간 가는 줄 모르고 봉선화 꽃씨를 받아서 그것을 봉투에 담아 소중히 간직했다. 그러기를 여러 날 다시 시간은 흐르고, 가슴 따뜻하고 아름다운 계절, 가을이 서서히 우리 곁으로 다가왔다.

71

내가 여덟 살 때에 우리 집은 사정이 있어서 안강으로 이사를 가게 되었다. 가을추수가 끝나고 햇볕이 유난히 달갛던 어느 날 우리는 정들었던 고향을 떠나 안강으로 이사를 하게 된 것이다. 이삿짐을 실은 소달구지가 먼저 길을 나섰다. 우리 식구들은 먼지가 보얗게 덮인 시골버스를 탔다. 버스는 신작로를 따라 덜컹거리며 천천히 달려 고향과는 점점 멀어져갔다. 나는 버스 뒷자리에 앉아서 물끄러미 차창 밖을 바라보았다. 이사를 간다는 특별한 흥분도 고향을 떠난다는 아쉬움도 없었다. 그저 평소대로 평정한 마음으로 자리에 앉아서 버스가 달리는 대로 내 몸을 맡기고 있었다. 그러면서 지난번에 받은 봉선화 꽃씨봉투를 손에 꼭 쥐고 만지작거리고 있었다. 길이 울퉁불퉁하고 자갈이 깔린 비포장도로라 버스가 몹시도 흔들렸다. 버스가 하도 요동이 심해 어떤 때는 머리가 버스 천장에 닿을 것만 같았다. 한참 달리니 우리 집 이삿짐을 실은 소달구지가 보였다. 아버님은 거기서 내리셨다. 멈춰 섰던 버스는 다시 달려 새로운 세계 안강에 도착했다. 고향에 비해서는 안강은 크고 번화한 도시였다. 촌놈이 그런 대처에 오니 모든 것이 낯설었다. 그러나 서서히 안강생활에 적응해갔다. 가지고 온 봉선화 꽃씨는 다음 해 봄 우리 집 장독간 뒤 화단에 심어 그 후 여러 해 동안 우리 집은 봉선화 꽃을 볼 수 있었다. 그리고 나는 다음 다음해에 초등학교에 입학하여 새로운 사회생활을 시작하게 되었다. 그렇게 하여 살고 살아서 오늘의 내가 있게 된 것이다. 아, 삶이란 얼마나 슬프고도 애틋하였던가. 어떤 사람이 나에게 어린 시절로 다시 돌아가 인생을 새로 살 수 있는 기회가 주어진다면 그대는 그렇게 하겠는가라고 묻는다면, 나는 단연코 '아니오!'라고 대답할 것이다.

인생은 한번으로 족하다. 나는 어떻게 살든 내 삶을 다시 살고 싶지는 않다. 나는 내가 지금까지 살아온 나의 삶에 만족하며, 앞으로도 또한 그러할 것이다. 나는 이제는 깨달았다. 우리네 삶이란 그것이 누구의 삶이든 진실로 소중한 것이다.

72

내가 어릴 때 큰집 뒤안에는 여름이면 백합꽃이 무리지어 피었다. 뒤안 그늘진 곳이라 향기가 그리 진하지는 않았지만 여러 송이가 무더기로 피니 꽃이 필 때 큰집 뒤안에 가보면 백합꽃 향기가 은은히 풍겨 나의 마음을 끌었다. 그래서 나는 가끔씩 거기에 혼자 가서 백합꽃을 보며 즐거워하곤 했다. 우리가 안강으로 이사 온 후 어느 해인가 그 백합뿌리 몇 개를 캐어 안강 집에다 옮겨 심었다. 안강 집 모퉁이는 햇볕이 잘 드는 곳이라 백합이 필 때면 한두 송이가 피었는데도 그 향기가 온 집안에 진동했다. 백합꽃은 보통 모내기철에 피는데 그 때는 또 일년 중 햇볕이 가장 강렬한 때라 그 햇볕으로 인해 향기가 강하기 그지없어 그 향기에는 마치 성장한 귀부인에게서 느낄 수 있는 농염함과 난숙함이 묻어나 있었다. 그런데 백합꽃 향기는 사람의 몸에 좋지 않다는 말을 들은 것도 같다. 그것의 사실여부를 떠나서 백합하면 나는 그 고혹적인 향기가 먼저 생각난다. 요즈음 비닐하우스에서 재배한 백합꽃은 도무지 향기가 있는지 어떤지도 잘 모르겠으니, 그런 것을 두고 어떤 것이든 그대로의 자연산이 더 좋다고 말하는 것인지도 모르겠다.

73

우리 집 본채 동쪽 모퉁이에는 해마다 겹꽃삼잎국화가 피었다. 그때는 그 꽃을 그저 국화라 불렀다. 키가 멀쑥하게 큰 것이 꽃 대궁이 마다 노랗게 탐스러운 꽃이 피어 바람이 불면 이리저리 일렁이며 그 건강미를 뽐내었었다. 요즈음도 시골에서 그 꽃을 보면 그 옛날 내 고향집 모퉁이에 피어있던 그 꽃이 떠오르고, 그에 따라 무언지 모를 그립고 아련한 향수에 젖어들게 한다. 여느 국화와 같이 늦가을에 피는 꽃은 아니고 여름부터 가을에 걸쳐서 오래도록 피어 우리의 마음을 기쁘게 해주던 꽃, 그 꽃을 보면 진실하고도 강인한 우리네 심성을 마주하는 것 같아 마음이 푸근해진다.

74

큰집 맞은 편 옛날 동사에서 마을을 나가는 오른쪽에 수령은 오래 되었으나 키는 별로 크지 않은 홰나무가 한 그루 서 있었다. 내가 어릴 적 그 길을 지날 때면 항상 보던 정든 나무였다. 우리는 그 나무를 보통 꼬부랑홰나무라 불렀다. 지금도 그 나무가 죽지 않고 그 자리에 그대로 서 있는데 나무가 거랑 쪽으로 기울어 있어, 형님 말씀에 따르면 그 나무에 올라가면 왜 그리 무서웠는지 지금 생각해도 아찔하다고 하신다. 나무 위에 올라가면 바로 아래에 거랑이 흐르고 나무 밑둥치 근처는 한삼덩굴 등 잡초가 우거진 비탈이라 더욱 그러했으리라. 그런 사연을 간직한 그 나무, 그 나무는 마을의 역사를 모두 알고 있을까. 자기 몸에 기대어 놀던 어린아이들을 생각하고 있을까. 말없이 서 있는 나무 한그루에도 그것에 정을 붙이다 보면 온갖 그리운 사연들을 새겨놓을 수 있으니, 우리의 삶이란 어찌 보면 무심한 것에 정을 붙이고 그것에 하나씩 아름다운 사연을 엮어나가는 것, 세월이라는 시간에 순간순간의 사건들을 반짝이는 옥구슬로 다듬어서 하나씩 정성스럽게 꿰매는 향기롭고도 보람찬 작업이 아닐까라는 생각이 든다.

75

어느 때인가 내가 기북의 조카들이 있는데서 말했다. 내가 어릴 적 기북에 살 때에 밤나무가 더러 있었는데 초여름이면 꽃은 무성하게 피는데 아무리 여름 내내 그 밤나무를 쳐다봐도 밤이 열리지 않더라. 듣고 있던 조카들이 밤나무가 그럴 수 있다며 꽃만 무성하고 밤이 안 열리는 수가 있지요 한다. 토종밤이라 그런가? 수종이 나빠서 그런가? 하여튼 나도 모르겠다. 요새는 밤도 토종은 많이 없어지고 개량종이 대신 많이 들어와서 생산량이 많아져서 밤도 풍족하게 됐단다. 또 조카들의 무용담 하나가 걸작이었다. 가을에 어쩌다가 다람쥐 집을 발견하는데 그곳을 파헤치면 힘 안들이고 밤을 많이 얻을 수 있다는 것이었다. 나는 속으로 생각했다. 애들아, 다람쥐가 겨울양식하려고 애써 주워놓은 밤, 그렇게 훔쳐 가버리면 다람쥐는 어떡하고. 다람쥐가 집에 와보고 밤이 없어진 것을 알면 얼마나 황당할까. 또 그 다람쥐는 양식도 없이 추운 겨울을 어떻게 나고……. 나는 그 소리를 들으면서 갑자기 애써 모은 먹이를 도둑질 당한 그 다람쥐가 안쓰럽다는 생각이 들었다. 그 다람쥐는 그 해 겨울을 무사히 날 수 있었을까.

76

모내기 끝내고 논 초벌 김매고 한가한 때인 음력 7월 15일 백중날, 마을사람들은 집집마다 술, 감주, 떡 등 갖가지 음식을 장만하여가지고 동네 당수나무 아래에 모여 술과 음식을 나누어 먹고 마시며 하루 즐겁게 마을잔치를 벌였다고 한다. 형님께서는 그것을 백중놀이라고 하시면서 마을의 연례행사로 매년 치러졌었다고 나에게 말씀해 주셨다. 어머니께서도 마찬가지로 그 일을 기억하고 계셨다. 요즈음은 모두 사라진 세시풍속이지만 그런 잔치를 벌임으로써 마을사람들 간에 친목을 도모하고, 같은 마을 사람이라는 유대감 강화에 큰 도움이 되었으리라는 사실은 우리가 미루어 짐작하고도 남음이 있으리라. 형님 말씀으로는 우리 마을은 농악놀이를 잘 해 기계면에서 개최

하는 농악놀이대회에서는 항상 일등을 차지했다고 한다.

77

어머니 말씀에 따르면 그 옛날 성냥도 귀했던 시절, 화로나 부엌아궁이에 불씨가 꺼지지 않도록 지키는 일도 매우 중요한 큰일 중의 하나였다고 한다. 불씨가 꺼지는 날이면 하는 수 없이 부싯돌로 불을 지펴야 했다고 한다. 나도 어릴 적 부싯돌을 본 적이 있다. 특히 새벽에 추울 때 불씨가 꺼지면 그것을 지피는 일은 큰 고역이었다고 한다. 내가 어릴 때는 그래도 풍부하지는 않았지만 성냥이 있었다. 그때 성냥은 생활에서 귀중한 상비품이었다. 호롱불, 등잔, 기름(등유)……. 요즈음 어린이들은 그것이 무엇이냐고 묻겠지만 그때는 밤의 조명기구로 그것밖에 없었다. 어쩌다 비싼 양초로 불을 밝히는 날이면 그 불빛의 밝음에 한참동안 감탄하고는 하던 시절이었다. 그런 시절이 그리 오랜 옛날일도 아니다. 나와 연배가 비슷한 세대들은 다 그렇게 살아왔다. 내가 어릴 적 우리 마을에 전기가 들어온 것은 초등학교 고학년 때였다. 그 이전에는 호롱불, 아니면 좀 더 개량된 것이 남포불(램프불)이었다.

78

아직 아침에는 한기가 느껴지는 이른 봄, 우리 집 꽃밭에 가장 먼저 싹이 돋아나는 식물이 있었다. 우리는 그것을 난초라 했는데, 요새 식물도감을 뒤지면 표준말로는 상사화라 부르는 것이었다. 그 난초는 찬바람 속에서 싹이 돋아날 때가 가장 보기 좋을 때였다. 아직 겨울의 그림자가 가시지 않고 온 세상의 색조가 칙칙한 때에 삭풍 매서운 바람에 굴하지 않고 초록빛 새싹을 이 지상에 드러내는 것을 보는 것은, 겨울 동안 추위에 떨며 웅크리고 지내던 우리의 마음에 한껏 기지개를 켜게 하는 것이었으며, 그것은 또한 새봄에 대한 희망으로 우리의 가슴을 크나큰 기쁨과 기대로 부풀어 오르게 하는 것이었다. 나는 난초의 싹이 돋아날 때면 아침마다 일찍 일어나 꽃밭에 가보았다. 밤새 얼마나 많이 자랐을까 기대하면서 가보면 언제나 그대로인 듯 빨리 쑥쑥 자라는 것은 아니었다. 이 상사화는 잎이 모두 사라지고 난 후 꽃대가 나와 꽃을 피운다. 잎과 꽃이 서로 보지 못한다고 해서 상사화라 한다는 말을 들었다. 그러나 우리 집 난초가 꽃이 피는 것을 보는 것은 매우 드문 일이었다. 이 난초는 이른 봄의 새싹을 보는 것만으로도 꽃보다 더한 감격을 나에게 선사하는 고마운 화초였다.

79

지금은 돌아가신 고모님께서 언젠가 나에게 우리 집안의 내력에 대해서 말씀해주셨다. 나의 증조할아버님께서는 처음 일가친척이 함께 살았던 영일군 오도리, 즉 오두말에서 자라 결혼하여 사시다가 아기를 낳으면 자꾸 죽고 하여 용기동 막실마을로 이사를 했다고 한다. 그래도 아기를 가지지 못하게 되자 증조할아버님께서는 하루는 오도리에서 약방을 경영하던 동생 집에 찾아가서 아들 하나를 양자로 달라 하셨다 한다. 약국 할아버님은 아들 오형제를 두셨는데 근린에서 이름이 꽤나 알려진 요새로 치면 의사노릇을 했다고 한다. 증조부의 청을 약국할아버님께서 거절하시자 증조부께서는 막실마을로 내려오시면서 그리 많이 우셨다 한다. 그 후에 아들 하나 딸 하나를 낳아 기르게 되었는데 그 아들이 바로 나의 할아버님이었던 것이다. 왕고모님은 영천으로 출가하셨다 한다. 집안 어른들의 말에 의하면 왕고모님은 나의 할아버님이 술을 많이 잡수시는 것 등으로 해서 친정걱정을 그리 많이 하셨다고 한다. 나의 고모님도 친정걱정을 했으니 그것도 집안의 내력인가. 그것은 그렇고 증조부께서는 아들이 어느 정도 성장하자 공부를 시켜 출세를 하게 해보려고 노동이 얼마나 힘든가를 실제로 아들이 깨닫게 하기 위해서 어느 날 할아버님을 데리고 깊은 산으로 들어가셨다 한다. 거기서 이 일 저 일을 시키며, 고모님의 표현을 빌면 훈련을 시켜보았으나 끝내는 공부를 마다하고 가업 잇기를 고집했다고 한다. 우리 집은 그때 한지를 뜨는 것을 업으로 하고 있었는데 그 규모가 꽤 컸다고 한다. 할아버님은 체격이 우람하고 힘이 항우장사 같았고 술을 그리 좋아하셨다 한다. 할아버님, 할머니께서 혼인할 당시 거느리는 식솔이 많아 할머니께서는 아침에 보리쌀 한말로 밥을 지으셨다한다. 이른 새벽 날이 희붓할 때 보리쌀을 씻으러 샘으로 가면 할머니가 무서워할까봐 증조부께서는 할머니 뒤를 따라 와서는 보리쌀 씻는 것을 가만히 지켜보셨다 한다. 할아버님께서는 삼남 일녀를 두셨는데 나의 아버님은 그 중의 막내였다. 증조부께서는 증손녀까지 보시고 돌아가셨고 할아버님은 술이 과하셨던 탓으로 쉰을 조금 넘어 타계하셨다 한다. 나의 아버님도 술병으로 쉰을 조금 넘어 돌아가셨는데 이대 째 술로 해서 병을 얻어 돌아가신 셈이다. 할아버님께서는 외동이셨지만 그 자손들은 번창하여 이제는 일가를 이루게 되었으니 사람의 삶이란 참으로 모를 일이다.

80

어머니 말씀으로 글 좋고 바느질 좋은 외할머님께서는 어머니께서 열넷 되던 해에 이 세상을 떠났다고 한다. 어머니께서 십육세 되어 방흥 골안을 떠나 기북 막실로 시집오는 날, 외할아버님과 나의 아버님, 그리고 어머니 셋이서 마을을 나서서 먼저 입암까지 나오셨단다. 그리고 침곡(사람들은 그곳을 바느실이라 부른다)을 거쳐 질등재를 넘어 기북 큰골까지 왔다고 한다. 큰골에는 그때 큰 배나무가 한 그루가 서 있는 곳이 있었는데 거기에 오니 아버님 친구들이 가마를 갖춰놓고 어머니를 기다리고 있더란다. 그래서 가마를 타고 막실로 내려와서 큰일을 치르고 큰집에서 신혼살림을 차리게 되었단다. 큰골의 커다란 배나무는 형님도 기억하고 있었는데, 어머니 말씀에 의하면 나물을 해서 산을 내려올 때나, 땔나무를 하러 갈 때와 올 때에 거기에 쉬었다가 가고 오고하는 산골의 하나의 쉼터구실을 하던 곳이었다고 한다. 그렇게 시집을 오셔서 살게 되셨다는 어머니, 어머니는 지금도 외할머님 이야기가 나오면 목소리가 달라지시며 어린아이가 되신다. 참으로 어머니란 누구에게나 그러한 존재인가보다.

81

그렇게 십육 세에 시집와서 신접살림을 큰집에서 하게 되었다. 가난한 집안 살림에 배고프던 시절, 어느 해인가 섣달그믐에 집안에서 소고기국을 끓이게 되었다고 한다. 부엌에 국이 끓고 있는 솥, 국의 양은 적고 먹을 사람은 많고 어머니 몫은 없을 것 같고…… 어머니는 국이 많으면 조금이라도 얻어먹을 수 있을까 생각하고 큰어머니 몰래 찬물 한바가지를 떠서 국이 끓고 있는 솥에 부어버렸다고 한다. 그렇게 해서 소고기국 맛을 보았는지 꾸중을 들었는지 더 이상 말씀을 하지 않으셨다. “그래서 어찌 됐는데?”, “국은 결국 얻어먹었고?” 내가 다그치자, 한참 후 어머니 말씀, “그때 생활이야 말로 어찌 다하랴!”, “크게 꾸중 들었지.” 요즈음도 나의 어머니는 소고기국을 즐겨 드신다. 같이 식사를 하면 나는 나물반찬이 더 좋건만, 어머니는 그 노령임에도 소고기국 두 세 그릇을 뚝딱 비

우신다. "나는 이 국은 물리지도 않아."

82

나의 어머니는 우리 나이로 올해 여든셋이다. 어머니는 정규학교교육을 받지 못했다. 그런데도 한글은 어느 정도 깨우쳐 글을 떠듬떠듬 읽고 숫자도 알아 버스번호 정도는 알고 다닌다. 어머니와 이야기를 하다보면 가끔씩 일본어 단어를 적재적소에 구사하여 그 단어의 의미를 아는 나로서는 한편으로는 우습기도 하고 다른 한편으로는 놀라기도 한다. 엄마도 참, 어찌 그런 단어를 알아 지금 나와 말하면서 그것을 자연스럽게 사용할 수 있을까 감탄하는 것이다. 어머니께서는 내가 일본어를 아니까 이 정도의 단어는 내가 이해할 수 있으리라 생각하여 일본어를 말하는 것이 아니다. 그저 일상 말을 하다 보니 일본어 단어를 자연스럽게 쓰게 되고 그것이 나를 놀라게 하는 것이다. 어머니께서는 이것은 꼭 자랑할 일은 아니지만 일본의 국가인 기미가요와 황국신민서사를 지금도 줄줄 외신다. 어머니는 그것이 우리나라의 치욕의 역사의 한 단면인 것을 절실히 느끼지 못하신다. 일제강점기 때 그것을 모르면 버스를 태워주지 않았다면서 굳이 버스를 탈 일이 없으셨는데도 누가 애써서 가르쳐주지 않았어도 저절로 그것을 알게 되더라는 것이다. 나의 어머니는 한마디로 꾸밈이 없으시다. 천성이 솔직담백하시다. 나는 어머니를 통해서 황국신민서사의 대강의 내용을 알게 되었고, 기미가요의 가사를 배우게 되었다.

83

어머니의 일생은 한마디로 자식을 위한 희생의 삶이었다. 지금도 가끔 하시는 말씀, 애기 낳고 미역국 실컷 못 먹고 쌀밥 제대로 못 먹었단다. 내가 어릴 적에는 애기를 낳거나 자식 생일 때 국 끓여 먹으려고 건미역오리를 시렁에 얹어놓은 모습을 볼 수 있었다. 그때는 미역국도 고급음식이었다. 요새처럼 고기를 넣어 끓인 것도 아니고 미역에 쌀뜨물을 넣어 끓이면 국물이 허연 것이 맛이 그리 구수할 수가 없었다. 산후 때 그런 미역국도 실컷 못 먹고 쌀밥이 없어서 소화 잘 안 되는 보리밥을 억지로 먹으니 젖이 제대로 나와야지. 갓난아기는 보채고, 그런 가난 속에서 자식 육남매를 모두 키워내셨다. 옛날 보리쌀

좁쌀에 옵쌀을 조금 얹어서 밥을 지으면 가운데 쌀밥은 따로 떠서 젖먹이 자식에게 먹이고 다른 식구들은 보리밥, 조밥이 주식이었다. 우리 형제들은 모두 그렇게 자랐다. 그러면 아버님은 무엇을 했느냐. 나의 아버님은 어머니와는 달리 천하태평, 무엇이든 애바르게 딱 부러지지 못하고 마음은 한없이 좋고 욕심이 없고 친구 좋아하고 술을 또한 그리 좋아하셨다. 체격은 건장하고 키도 크신 분이셨다. 사람이 술 좋아하고 마음만 좋다고 하여 이 거친 세상을 성공적으로 살아갈 수 있는 것이 아님은 아는 사람은 다 알 것이다. 그러했으니 집안일은 언제나 뒷전, 자연히 자식교육, 생활비 조달 등은 모두 어머니의 책임이었다. 그러니 어머니의 고생이야 어디 필설로 다 표현할 수 있으랴. 지금도 가끔 옛날 고생했던 이야기를 할 때면, 나는 장난기 섞인 마음으로, 그러지 말고 도망가 버리지 왜 그렇게 살았느냐고 웃으면서 묻는다. 그러나 그 물음에는 묵묵부답, 어떠한 대답도 하지 않으신다. 그것은 그런 도망갈 생각은 꿈에도 해본 적이 없었다는 것을 뜻하는 것이리라. 요즈음도 손수 채소농사를 지어서 시장에 내다팔러 가신다. 아무리 그렇게 하지 말라고 그래도 집에서 쉬고 있으면 몸이 더 아프다면서 막무가내시다. 마을 경로당에도 안 가신다. 이른 새벽부터 일을 시작하여 해가 지고 컴컴해서야 그만두니, 아닌 게 아니라 좀 지나치다는 생각도 든다. 그러나 어찌하랴. 그렇게 살아오신 것을…… 지금까지 효도 한번 제대로 해본 적이 없는 나로서는 어머니께서 건강하게 오래 사셔서 효도 원없이 해보고 싶은 것이 나의 큰 소망 중의 하나이다.

84

나의 외가는 죽장면 방홍리, 흔히들 방홍 골안이라고 부르는 곳이다. 그곳은 그야말로 산골, 한길에서 골짜기로 한참동안 들어간 곳에 위치한 벽촌이다. 언젠가 가운데 외삼촌께서 고향에 가시면서 나에게 말씀하셨다. 우리 조상들은 이 넓은 세상에 좋은 곳도 많은데 하필이면 이렇게 궁벽한 곳에 터를 잡아서는 우리들까지 가난에 찌들어 살게 만들었는지 조상이 참 원망스럽다. 나는 그때 외삼촌의 그 말씀을 가만히 듣고만 있었지만 그 말에는 외삼촌과 견해를 달리한다. 나는 자기의 조상을 욕하는 것은 누워서 침 뱉기요, 그래서 결국은 자기 자신을 내놓고 욕하는 것이라고 생각한다. 설사 조상들이 잘못한 것이 있더라도 지금 와서 어쩌랴. 앞으로라도 우리들이 그런 잘못을 되풀이하지 않고 솔선하여 잘 하면 된다. 그렇게 살아온 것을 지금 와서 돌이킬 수는 없는 노릇이다. 그럴 게 아니라 지금의 내가 있게 해준 조상들에게 감사할 일이다. 우리나라의 역사, 특히 근현대사에서 민중의 삶이란 그야말로 굴곡진 고난의 역사였다. 살아남기 위해서 진저리치도록 몸부림친 역사였다. 배고픔의 고통, 피압박의 고난, 나라 없는 설움, 거기에다가 민족상잔의 전쟁……. 그러한 혹독한 시련 가운데에서도 살아남아서 오늘의 나를 있게 해준 우리의 조상들에게 감사할 일이다. 그러한 중에 잘못한 것도 있으리라. 어찌할 수 없는 무력함에 눈물도 많이 흘렸으리라. 그러나 그것은 모두 지나간 것. 그런 것을 다 외면하더라도 오늘의 내가 있게 된 것은 누구의 덕인가. 누구도 내가 잘나서 이 세상에 이렇게 잘 살고 있다고 말할 수 없을 것이다. 그런 힘든 삶을 살아온 조상들이 있었기에 지금의 내가 있게 된 것이다. 역사에는 단절이 없다. 면면히 이어지는 역사에서 지금 내가 서 있는 곳도 하나의 도도히 흐르는 역사의 물줄기 가운데이다. 현재의 내가, 우리가 어떻게 사느냐에 따라 다시 우리 후대의 삶의 방향은 달라질 것이다. 우리는 모름지기 역사 앞에서 경외심을 가져야 하고, 역사 앞에서 겸허해야 한다.

85

나는 외삼촌이 세 분 계셨다. 두 분은 이미 돌아가시고 지금은 막내외삼촌 한 분만 살아계신다. 그 중에 가운데 외삼촌은 어머니의 바로 위 오라버니가 되시는 분인데 육군사관학교를 졸업하여 장교로 근무하다가 예편한 후 한때 지방의 시장, 군수를 지내기도 하셨다. 그분은 나에 대한 관심이 지대하셔서 항상 나의 안위를 걱정하시고 나의 재능(내가 생각하기에는 나는 별다른 재능이 없다)을 발휘하지 못함을 항상 안타까워 하셨다. 1997년 소위 IMF 사태가 난 후 대구 전세방 보증금을 빼서 동생 빚 갚는데 주고 나는 시골에 낙향하여 한 5년 동안 어머니와 같이 살았다. 내 인생에서 암울한 시대가 많았지만 그때도 아무런 희망도 없이 시골에서 무위도식하던 괴로운 시절이었다. 그때 외삼촌께서 뉴질랜드로 이민을 가시게 되었다. 이민 가서 나에게 한통의 편지를 보내셨다. 그 편지에는 으레 걱정하시던 재주 썩히는 것이 못내 아쉽다는 것과 교회에 나가 하나님께 의지하라는 내용이었다. 외삼촌도 뉴질랜드에 가서 연세가 칠순이 넘으셔서 교회에 다니게 되었다. 그전에는 종교와는 무관한 분이셨다. 뉴질랜드에서 전도를 받고 교회에 다니니 마음이 그리 편안할 수가 없다고 하시면서, 나를 위해 열심히 중보기도를 하고 계신다고 편지에 쓰셨다. 그 편지는 내가 지금도 간직하고 있는데 편지를 쓴 날짜가 2000년 12월 20일로 적혀 있다. 그때는 내가 아직 시골에 있을 때였다. 그렇다고 내가 그 말씀을 따라 바로 교회에 다니게 된 것은 아니었다. 2000년대 초반 대구에 올라와서 경북대 북문 근처에 방을 하나 얻어 자취생활을 하면서 경북대도서관에서 이 책 저 책 책을 읽으면서 석사학위와 박사학위 학위과정을 수료하고 논문을 쓰기 전일 것이다. 우연한 기회에 지금 사는 집 이웃에 사시는 교회 집사님의 전도를 받고 집근처 교회에 등록했다. 등록하고 나서 바로 교회에 열성적으로 다닌 것은 아니었다. 일요일 할 일이 없으니 교회에 나간다는 생각으로 다니다 보니 연수가 더해지고 입교를 거쳐 세례를 받게 되었다. 그때가 2008년 겨울이었다. 그해는 내가 박사과정 수료 후 몇 해 동안 미루었던 박사학위논문을 쓴 해였다. 그리고 2009년 2월에 박사학위를 받고 2009년 2학기 처음으로 경북대에서 강의를 맡게 되었다. 그때부터 내 생활은 자리가 잡히기 시작했다. 교회생활도 열심히 하게 되었고, 학생 가르치는 일도 나름대로 보람을 가지고 임하게 되었다. 맨 처음 강단에 섰을 때는 학생들 얼굴은 하나도 보이지 않고 긴장하여 온몸이 떨렸다.

그래서 학생들에게 솔직하게 떨린다고 말했다. 강의도 서툴기 그지없었다. 그래도 나는 학생들 가르치는 일이 좋았다. 그때 한 학기 동안 내가 무엇을 가르쳤는지 지금 아무런 생각도 나지 않는다. 요즈음도 그때 가르친 학생 몇 명과는 교류를 하며 나를 보면 반갑게 인사를 한다. 나는 무엇보다도 내가 가르친 학생이 나를 보고 반갑게 인사를 할 때면 그래도 학생을 가르친 보람을 느끼고 마음이 기쁘다. 그것 이상 나는 학생들에게 바라는 것은 없다. 교회에 다니고 학생을 가르치면서 내 생활에 만족하다 보니 그 이전에는 매사 세상을 부정적으로 보고 나 자신을 부정적으로 보았었는데 점점 나도 참 쓸모 있는 사람이라는 생각이 들면서 나의 삶을 사랑하게 되었고, 그리고 나아가 다른 사람까지도 사랑의 눈으로 보게 되었다. 그런데 자신이 이 사회에서 아무런 쓸모없는 인간이 아닌가라는 의구심이 들 때의 그 괴로움이란 그것을 느껴 본 사람만이 알 수 있으리라. 나는 살면서 수없이 그런 생각에 사로잡혀서 괴로워했었다. 나는 여기서 굳이 기독교를 변호하려고 하지 않겠다. 나는 종교에 대해서는 그렇게 생각한다. 무슨 종교를 믿느냐 보다 어떤 종교이든 그 종교를 어떻게 믿느냐가 더 중요하다는 신념을 가지고 있다. "나는 무신론자이다."라고 자신 있게 말하면서 세상을 거침없이 사는 사람을 보면 그런 사람도 참 대단한 사람이라는 생각이 든다. 참으로 인간이란 불완전하고 결함이 많고 미숙한 존재이다. 그러한 우리가 절대자에 귀의하여 우리의 삶의 좌표를 바르게 설정할 수 있다면, 그것도 우리 인생에서 매우 의미 있는 일이라고 생각한다. 나는 나의 무력함을 절실히 체험하였고, 그리고 나아가 인간의 무력함을 믿기에 진리 앞에 겸손하고 싶고, 하나님 앞에 겸손하고 싶다. 그래서 나는 기독교를 믿는다.

■ 후기

어린 시절 고향에서 겪은 이야기를 글로 써서 책으로 출판하게 되었다고 누님께 말씀드렸더니, 누님의 첫마디가, “그 명자꽃 이야기는 썼니?”였다. 누님은 여러 곳에서 명자꽃을 보았지만 그곳 큰골의 명자꽃처럼 곱고 붉은 꽃은 아직 어디에서도 보지 못했다고 말씀하셨다. 돌아가신 고모님께서도 언젠가 나에게 고향의 명자꽃에 대하여 말씀하셨다. 그만큼 그 마을 큰골의 명자꽃은 마을사람들의 마음속에 깊은 인상을 남겼는가보다. 지금도 그 꽃이 그곳에 자라고 있는지 모르겠다. 본문에서 썼다시피 십여 년 전에 그곳에 갔을 때 고작 한그루가 꽃이 피어있었는데 그 꽃나무도 마저 없어진 것은 아닌지 걱정이 된다.

이 책이 오늘에 이런 모습으로라도 출판되게 된 것은 내가 아는 한 여자 분 때문이라 해도 과언이 아닐 것이다. 나는 이 글을 쓰면서 항상 그분을 생각했다. 그리고 어떻게든 이번에 이 책을 완성하여 그분께 드려야지 하는 마음으로 나 자신을 격려하고 혼자서 용기를 내었다. 이 책의 한 삼분의 일의 분량은 이미 7~8년 전에 써놓은 것들이다. 물론 이번에 컴퓨터로 옮기면서 그 부분도 자구수정 등 고친 것이 더러 있다. 써놓은 것을 방구석에 감추어 놓고는 언젠가 교수가 되고 결혼을 하면 마음에 담아둔 나머지도 마저 글로 다듬어서 책으로 펴내야지라는 생각을 가지고 있었다. 그런데 지금 교수도 되지 못하고 결혼도 못한 상태에서 이처럼 힘을 내어 나머지 부분을 써서 책으로 펴내게 된 것이다. 이것은 모두 그분 때문에 가능한 일이었다. 그분이 아니었으면 도저히 그런 용기를 내지 못하였을 것이고, 이 책이 출판된다 해도 먼 나중의 일이 되었을 것이다. 솔직히 나는 더할 수 없는 외로움 속에서 이 글을 썼다. 이 글을 읽고 내 마음에 공감하는 사람이 이 세상 어딘가에 있을까. 나는 진실한 마음으로 썼는데 그런 나의 마음을 이해해 주는 사람이 있을까. 그러한 외롭고 두려운 마음으로 글을 쓰면서 나는 마음속으로 한 사람을 생각하며 그 외로움을 달랬다. 글을 쓰는 것도 조심스러웠고 쓰고 난 후 원고를 출판사에 보낼까 말까를 가지고도 며칠간 고민했다. 그러나 지금은 모든 것이 끝난 상황, 이 글은 이미 나의 손을 떠났다. 이제는 이 글을 읽는 독자의 판단에 맡긴다. 이렇게 책이 나오게 된 것에 대하여 그분에게 감사하며, 나의 마음을 그분이 조금이라도 이해해주었으면 하는 바람을 가지고 있다. 나는 그분이 내내 행복하기를 기도한다. 그리고 나의 욕심인지 몰라도 그분과 함께할 수 있는 시간이 있을 수 있기를 기대해 본다. 감사하는 마음으로 그리고 고마운 마음으로 그분의 이름을 부를 수 있으면 나의 삶이 얼마나 아름다워질까. 어쨌든 이제 가을은 가고 겨울이 올 것이다. 그리고 다시 새봄이 찾아올 것이다. 이제는 나 혼자서 가고 오는 계절을 맞이하지 않았으면 얼마나 좋을까 간절히 기도해 본다. 끝으로 이 책을 읽는 독자에게 감사한다.